Quand
la publicité
est aussi
un roman

Pierre Lemonnier

Quand la publicité est aussi un roman

Hachette

Ce livre a été conçu par le studio de l'agence Impact
sous la direction de Jacques Le Scanff.

Préface

FILLE du monde industriel, la publicité est là pour le rendre habitable. Elle tisse autour des objets qui nous assiègent la trame d'un amour partagé. Ces produits, qui ont besoin de nous pour accéder à l'existence, cherchent à nous prouver que nous avons besoin d'eux. Pour nous amener à les désirer, ils proclament le désir qu'ils ont de nous.

Le publicitaire est cet avocat de l'éros des objets. Cet entremetteur, Pierre Lemonnier lui donne un nom beaucoup plus élégant : le passeur. Mais dans passeur il y a passe, aurait dit Lacan.

Ce qui me plaît chez le fondateur de l'agence Impact, c'est la fraîcheur qu'il apporte à nous relater son histoire d'amour. Pierre Lemonnier en est encore à s'émerveiller de ses réussites.

C'est qu'il y a diverses manières d'organiser la rencontre nuptiale du consommateur et des objets désirants : à la Pavlov, en jouant sur l'aptitude animale de l'être humain à répondre aux stimuli par un acte réflexe et à emmagasiner des expériences qui renforcent celui-ci ; au nom de Freud, en allant chercher les racines cachées des comportements dans les attitudes et des attitudes dans les motivations, à travers le grand bazar souterrain de l'inconscient collectif ; vertueusement, comme le voudraient les associations de consommateurs, en s'adressant à l'*Homo œconomicus* et à sa capacité d'évaluation rationnelle ; cyniquement, en considérant que toutes les foules sont femelles et qu'il suffit de les culbuter par la violence de son verbe ; religieusement, à travers une liturgie des objets constitués comme signes, voire comme instruments de promotion sociale, et dont l'acquisition correspond à un moderne adoubement, etc.

Ces approches si différentes se valent, pour la bonne raison que la publicité est le reflet de l'homme - c'est ce qui fait son pouvoir de fascination - et qu'elle participe de toutes ses ambitions comme de tous ses excès. Elles se valent mais elles ont en commun ce défaut rédhibitoire : quelque part, elles négligent (sauf la théorie de rationalité économique, mais si abstraite et si incomplète) le fait qu'à la puissance manipulatoire du média répond la capacité de contre-manipulation, individuelle et globale, du consommateur. Cessons peut-être de nous demander seulement ce que la publicité fait aux gens, pour essayer de savoir ce que les gens font avec la publicité.

Le mérite de Pierre Lemonnier est d'avoir compris qu'il faut être deux pour communiquer, et que, dans le grand jeu de la vente, rien n'est jamais gagné d'avance. Le producteur et le consommateur, grâce à l'entremise du publicitaire, se mettent d'accord sur les avantages mutuels, et le plaisir réciproque, qu'ils tirent de leur échange ; et le message qu'on destine au public se fonde sur une répartition équitable des caresses sociales : « je vous reconnais ; reconnaissez-moi ».

L'approche de Pierre Lemonnier est, aussi, socio-culturelle. Lui-même n'en fait pas mystère, qui cite à diverses reprises les travaux de la Cofremca. Dans cette perspective, les produits sont les vecteurs et l'expression des grands mouvements qui déplacent les valeurs, les sensibilités, les modèles de comportement dans une société industrielle vouée au changement - parce que c'est son principe de permanence. Et l'expression publicitaire devient un des lieux de remodelage du tissu collectif : au concept de catégorie sociale se substitue celui de catégorie socio-culturelle. On n'a plus les pratiques d'achats et/ou de lecture de son groupe socio-démographique ou socio-économique, on a celles de sa famille socio-culturelle, dont les frontières sont beaucoup plus souples.

Le fait est qu'en investissant aussi massivement dans la consommation, la société où nous vivons a modifié les relations de l'homme à son environnement. Acheter et/ou vendre un produit, un service, un bien d'équipement, c'est vendre , acheter non seulement une technologie plus ou moins sophistiquée mais aussi du standing, de la convivialité, de l'expression personnelle, des rêves pour soi et pour les autres. Cette valeur ajoutée, dont l'importance va grandissant et que la publicité est précisément chargée de mettre en évidence, donne lieu à tout un trafic économique et social qui crée de puissants appels d'air culturels, à tous les niveaux comme à tous les âges. Je me souviens de l'étude fondamentale que l'Institut de Recherches et d'Études Publicitaires avait conduite en 1982 sur « La publicité et l'enfant »; une des conclusions les plus frappantes en était l'impression que ressentaient les jeunes interviewés (8-12 ans) d'habiter un monde littéralement bourré d'objets, au point de leur cacher le reste.

Il est bien vrai que nous vivons servis et asservis par d'innombrables objets qui, parce que nous nous en remettons à eux pour tout faire ou presque, nous éloignent des choses en nous rapprochant de nos fantasmes. Traverser la France en voiture le long d'une autoroute, à 130 à l'heure, en voyant défiler comme un décor de film des paysages inaccessibles, constitue à la fois un acte tout à fait abstrait et, pour ceux et celles qui aiment cela, une satisfaction puissamment auto-érotique. Il en va de même pour beaucoup de célébrations consommatoires auxquelles nous sommes conviés. De plus en plus, l'image remplace le réel, en tout cas l'habille pour le rendre conforme à nos désirs.

Mais foin des théories, lorsqu'il s'agit d'un Pierre Lemonnier. Son respect de l'autre; l'exigence qu'il manifeste à l'égard de la qualité des produits, et de leur valeur d'usage, sans laquelle il va sans dire (mais mieux encore en le disant) que la valeur de signe est impuissante; sa foi dans les études, preuve d'une grande modestie; son aptitude à retrouver l'individu dans la foule et à s'adresser à lui; par-dessus tout, peut-être, le sens qu'il a de *l'émotion,* sont des données bien autrement importantes.

Les publicitaires sont les banquiers de l'imaginaire. Ils tirent des traites sur nos rêves, sans lesquels les produits ne seraient que ce qu'ils sont. Pierre Lemonnier est un banquier scrupuleux.

JEAN MAUDUIT
Président de l'IREP

I. D'une rive à une autre : le passeur

DEPUIS qu'il y a des fleuves, il y a des rives. Et, le long des rives, il y a des hommes. Sur l'une des rives, les producteurs : ceux qui transforment la matière et lui confèrent une valeur ajoutée.

Sur l'autre rive, les acheteurs, les utilisateurs, les consommateurs. Qui en veulent pour leur argent et surtout pour leur plaisir, de plus en plus exigeant.

Tant qu'il y aura des rives, Monsieur de La Palice me l'a dit, elles seront opposées comme le seront toujours les mentalités de leurs riverains, séparés non seulement par un fleuve mais par ses courants changeants et parfois imprévus.

C'est pourquoi tant qu'il y aura des rives, il y aura des passeurs. Aucun progrès ne pourra les remplacer. On pourra multiplier les ponts, les passerelles, les tunnels, les satellites, rien ne remplacera le contact le plus humain possible de celui qui va vers l'autre rive.

Tant qu'il y aura des rives, il y aura des passeurs.

Un passeur digne de ce nom est avant tout informé. Il connaît ce qui se prépare sur une rive et ce qui est attendu sur l'autre rive. L'art du passeur est de savoir où aborder, comment et par quels moyens obtenir, d'emblée ou patiemment, le meilleur accueil.

Les passeurs les plus modestes sont les représentants de commerce et les vendeurs qui vont de porte en porte. Les plus discrets sont ceux qui rédigent les lettres que vous recevez à votre domicile, lettres qui vous incitent à découvrir un nouveau magasin, un nouveau magazine, un livre ou un club de loisirs. Ces passeurs-là ne sont pas les moins efficaces. Les passeurs les plus bruyants sont les publicitaires. Ce sont eux qui, notamment, par le truchement des ondes de radio et télévision, perturbent nos petits matins et nos soirées.

Mais on connaît aussi de grands passeurs. Jean Feldman, président de l'agence de publicité FCA & B a su faire passer la laine pelotonnée, vieillotte, abstraite, indifférenciée, menacée par les fibres synthétiques, à une laine Woolmark vibrante, émotionnelle comme une sorte de philtre d'amour. Un passeur n'est pas seulement celui qui met en relation vendeurs et acheteurs, producteurs et consommateurs. C'est aussi celui qui fait passer une marque d'une image distante à une image animée.

Les deux berges de nos gamberges.

Le passeur assure enfin la liaison entre nos propres rives que sont les états de notre moi, les deux berges de nos gamberges. Nous avons tous une rive qui cultive et accueille les faits, les démonstrations, les sciences, les scientismes, les preuves, les garanties, les assurances, les « certitudes ». Et une autre rive où s'épanouissent nos tropismes, nos instincts, nos élans incontrôlés, nos coups de foudre, nos besoins d'irrationnel, notre intuition, notre flair, notre goût du jeu, du risque, du plaisir.

Un grand publicitaire raccorde nos deux rives et nous fait glisser doucement d'un savon qui lave à un savon-caresse, d'un diamant-investissement à un diamant dans lequel, affectivement, nous nous « investissons » ; d'un cœur sec à un cœur « humide » (qui apporte sa contribution à Médecins sans Frontières), d'un comportement trompe-la-mort à la prudence (Prévention routière), d'un non-savoir solitaire à des progrès encouragés (cours par correspondance), de la méfiance qui ronge par refoulements à la confiance (méritée) qui libère. Du sadisme à l'écologie, du gaspillage au suffisant (économies d'énergie).

De l'accumulation inutile (piles de draps, kilos superflus, bouffissures de tous ordres, enflure sans fin) à des allégements bénéfiques. Un peu moins d'avoir et beaucoup plus d'écoute de notre poly-sensualisme : cuisine minceur, sobriétés sublimes, joies animales, sueurs, douches, extases endorphiniennes, sybaritismes, découvertes des soleils lointains, libertés, flexibilités de nos corps sur vagues déchaînées ou sur neiges vierges.

On accuse les passeurs que nous sommes, nous les publicitaires, de créer des besoins dont nous nous passerions fort bien. C'est le contraire qui est vrai. Notre moi qui juge, qui soupèse, qui se contient, n'attend qu'un passeur complice pour glisser vers notre autre moi qui aspire à s'épanouir.

Je suis fier d'être devenu un passeur de cette catégorie-là, car on ne naît pas passeur, on le devient. Ça s'apprend. Et, surtout, c'est affaire d'expérience.

II. Comment devenir passeur ?

ENTRE deux rives, il y a un fleuve. Fluide. Tout ce qui est fluide rejette les règles. Les courants que traversent et « négocient » les passeurs ne sont jamais vraiment les mêmes. Il n'y a donc pas de règles pour devenir passeur.

Cependant, les grands passeurs américains pensent encore que rien ne remplace quelques dures années sur le terrain. Pas de stages d'un mois pour minets voyeurs. Pas de scoutisme. Un vrai porte-à-porte, un vrai homme à homme. *Sans aucune assistance.* Seul, face à des êtres toujours différents. Pour les séduire ? Non. Pour les ressentir, les rencontrer jusqu'à ce qu'ils aient confiance et baissent leurs défenses.

Sylvain Floirat, le discret actionnaire de Matra, gant de velours d'Europe 1, se vante d'avoir débuté comme maréchal-ferrant dans le Sud-Ouest. On a vu la suite...

David Ogilvy prétend devoir son succès à ses débuts. A le lire, c'est le chef du Café de la Paix qui lui aurait appris le sens de la perfection. Avec pudeur, il avoue avoir travaillé aussi, pendant la

Seconde Guerre mondiale, dans l'Intelligence Service. Les deux ne sont pas antinomiques...

Lorsque que je rencontre David, je sens que son génie est une longue patience et qu'il en sait plus qu'il n'en dit, même si on croit qu'il a tout dit avec une autorité qui vient de loin : de ses premiers porte-à-porte, de ses premières interviews pour le compte de Gallup, l'inventeur des sondages.

Marcel Bleustein-Blanchet se demande encore et se complaît à avouer comment il est devenu le fondateur de Publicis avec son seul certificat d'études. Coquetterie ? Je ne le crois pas.

Les gens simples sont la majorité partout dans le monde.

Claude Hopkins, dont le livre *Mes succès en publicité* écrit à la « Belle Époque » reste une bible sans cesse rééditée, n'hésitait pas à affirmer que quiconque n'a pas vendu des journaux, vécu la « plonge », ne comprendra jamais les gens simples, qui sont la majorité partout dans le monde. Son conseil a une portée universelle, encore ici et maintenant.

Là où il a « vieilli » quelque peu, c'est lorsqu'il assure qu'un diplômé d'une grande école n'a aucune chance d'être lu : trop de vocabulaire appris dans les universités ferait qu'un copy-writer [1] ne sera jamais comme un poisson dans l'eau, celle où pataugent tant bien que mal les consommateurs dotés d'aussi petites nageoires que d'aussi petits revenus.

Je ne suis plus de cet avis : j'ai la preuve que l'on peut être cultivé et savoir écrire des mots qui vendent.

Mais j'ai longtemps cru - et je crois encore - que pour vendre à des millions de lecteurs, d'auditeurs, de téléspectateurs, il est indispensable d'avoir *d'abord* vendu d'une personne à une autre.

1. Rédacteur-concepteur en publicité.

III. Mes débuts de passeur

En 1947, à peine sorti de l'ESSEC [1], je rêvais de partir aux USA pour décrocher un autre diplôme qui me paraissait plus « ouvert », plus pragmatique : Harvard.

Tout était assuré : je pourrais faire mon service dans les troupes de haute-montagne, à mon retour, par l'intercession de Jean Monnet, à moi Harvard et je saurais tout sur le management et j'arriverais - en prime - à parler l'anglais comme le français.

Il n'en fut jamais rien. Un ami que j'avais hébergé dans ma chambre durant nos études me raya de la liste des partants pendant que j'étais en Autriche. Alors, à mon retour, que faire pour être américain en France ?

Il n'y a pas de règle pour les débuts d'un passeur.

J'étais dans une telle déconvenue que je n'en suis pas revenu.

Le jour où j'ai décidé d'ouvrir mon agence (en 1959), je l'ai revu : rencontre pénible. Mais il m'annonça que, le lendemain, il ouvrirait la sienne.

1 École Supérieure des Sciences Économiques et Commerciales.

Il a réussi, à sa façon. Et moi, selon la mienne : décidément, il n'y a pas de règles pour devenir passeur !

En 1948, je n'avais qu'une idée en tête : par tous les moyens, coûte que coûte, vaille que vaille, ne pas me servir de mon mince diplôme pour pantoufler dans un bureau. Plutôt commencer par la base.

Ma mère, qui était modéliste (on dit maintenant styliste), me voulait élégant depuis ma plus tendre enfance. Elle n'avait de cesse de me persuader qu'à tout prendre un homme bien habillé vaut mieux qu'un prenez-moi-comme-je-suis. Merci Maman...

C'est par elle que j'ai connu mon premier tailleur. Il officiait près de Notre-Dame-de-Lorette. En étage. Un jeudi, comme il procédait à « mon dernier essayage » et que son associé cousait comme une... cousette, je vis entrer un vrai mâle, genre Niçois, à moins que ce ne fût un Corse. Bref, un mec. Très chic. Enfin, dans son genre... C'est bien connu : les tailleurs sont aux hommes ce que les coiffeurs sont aux femmes. Ils incitent à la confidence, surtout s'ils sont « gays ».

Un diplôme ne fait pas un passeur.

Prêt à porter un sur-mesure raffiné, prêt à partir, je venais d'avouer que, nanti d'un diplôme, je n'entendais pas en user comme d'un passeport pour finir, un jour ou l'autre, fondé de pouvoir d'une grande banque.

N'ayant pas pu, à la dernière minute, « faire Harvard », j'étais à la recherche d'une vie de légende américaine : vendre de porte en porte, n'importe quoi, mais *vendre* pour devenir un jour un champion de la publicité.

Le sur-mâle, qui attendait son tour, avait tout

entendu. Et moi, je l'entendis, roulant son borsalino entre ses doigts, susurrer d'une voix chantante :

— Eh ! Peu-tit ! d'où tu sors avec ta gueule de diplômé ?

— Je sors de l'ESSEC.

— Et tu cherches un job dans quoi ?

— Dans la vente, comme les Américains qui débutent.

— Fringué comme t'es ? On va arranger tout ça. Tu sors d'ici avec ce costard et on va voir pour le reste. Tu m'écoutes ?

— Je vous écoute !

Et le voilà qui m'embarque vers la place Saint-Augustin. En marchant, il me déclare tout raide qu'on ne peut pas vendre sans chapeau ! Oui, oui. Plus on a l'air d'un petit diplômé, plus il faut un chapeau gris. « Tu comprends, ça vieillit, et puis ça fait poli quand on se découvre en entrant dans une boutique... Il te faut aussi un manteau parce que ça pose son homme ! »

— Mais qu'est-ce que je vais vendre ?

— On part lundi à Blois pour les Yellow pages de l'annuaire.

— Yellow pages ?

— Tu alignes tous les commerçants. Tu leur expliques que ça ne suffit pas d'être dans l'annuaire. Tu les fais payer pour un emplacement spécial, qui saute aux yeux. Tu dessines un cadre et tu leur ponds un slogan. Si tu arrives à encaisser le fric sur place, il y a 25 % pour toi... C'est pour ça que le coup du chapeau est indispensable.

Le long des rues, je cherchais des miroirs pour voir de quoi j'avais l'air avec mon feutre gris, mon manteau à chevrons et ma serviette de cuir noir. Je m'y faisais...

— C'est pas tout, petit ! Il faut que tu travailles l'importance. Plus les gens sentent que tu les considères comme importants, plus ils ouvrent leur tiroir-caisse... Alors, tu vas lire *Comment se faire des amis pour réussir dans la vie.*

— De qui c'est ?

— Dale Carnegie, un grand vendeur américain. Ça ne vole pas haut, mais ça ouvre les portes.

— C'est tout ?

— Non. Lundi matin, tu te pointes à Blois avec un vélo et un parapluie.

— J'ai pas de vélo...

— Tu te débrouilles.

— Je peux prendre celui de ma fiancée ?

— L'essentiel, c'est que tu roules.

— Mais le parapluie... Je préférerais un imperméable.

— Erreur ! Le parapluie fait pleuvoir le fric encore plus qu'un coup de chapeau ! A lundi, Hôtel de France.

Le lundi, nous voilà réunis, lui, moi et d'autres types de 40 à 50 ans. Sûrs d'eux, bien sapés, assis autour d'une carte de Blois et de sa région.

Mon recruteur quadrille à coups de crayon et accorde les territoires. Je ne tarde pas à comprendre que je n'aurai que des miettes, c'est-à-dire la périphérie de Blois. Aux anciens le pactole, à moi les zones désertiques et les villages distants de vingt kilomètres les uns des autres.

— Tu comprends, petit, avec ton vélo, tu seras avantagé... A samedi pour faire les comptes. Tu verras qu'en une semaine tu te feras plus qu'un chef de service en un mois à la Banque de France !

Je bloque ma valise sur le porte-bagages arrière, ma serviette noire à l'avant, et en route. Avant midi, je signe mon premier gros contrat avec le seul prospect qui existait en sortant de Blois : un fabricant de caveaux mortuaires !!!

Gonflé au maximum, j'attaque, quelques kilomètres plus loin, un dépôt d'Air Liquide ou quelque chose comme ça. Je ne parviens qu'à renouveler l'ancien contrat. Mais enfin, cela me permet de vérifier que le coup du chapeau nourrit son homme.

Le prochain prospect est à vingt bornes, Marchenoir... noir c'est noir. De fait, le ciel s'assombrit. Dans la forêt et le long des routes droites, les vents alourdissent les pédales d'un vélo déjà trop lourd. La pluie frappe comme un fouet puis se met à tourbillonner. Mon chapeau se soulève, je l'écrase, inquiet de l'allure que j'aurai en arrivant à Marchenoir. Si j'arrive... car soudain, je n'ai plus de chapeau, il roule, rebondit sur le goudron mouillé, valse dans les flaques d'eau et termine dans un fossé à cent mètres d'où je suis. Comme dans un film misérabiliste.

Je repars en arrière, trempé, transi. J'arrive à Marchenoir. Peau neuve à l'hôtel. Et, sans manteau ni chapeau, je réussis le peu qui était possible.

Ainsi va la semaine, de pâtissiers en charcutiers que j'arrive à convaincre d'expliquer leurs spécialités.

— Je vois que vous réussissez les tartes...

— Oui, enfin...

— Eh bien, dites-le ! Dites en gros caractères : Émile Venceron, pâtissier. Ajoutez : son vacherin, sa tarte aux amandes. Regardez comme ça saute aux yeux quand j'écris dans un grand cadre qui vous isole des autres.

En général, cela se passait plutôt bien. La femme accueillait mes enflures verbales avec un scepticisme troublé. Elle appelait son mari.

— Dis donc Maurice, viens voir un peu. C'est pour l'annuaire...

J'étais bon pour recommencer avec l'homme ce que j'avais fait avec l'épouse. J'encaissais comptant deux fois sur trois. J'étais « riche ». C'est vrai que mes copains gagnaient moins en un mois que moi en cinq jours.

Rentrée à Blois pour le tableau de chasse, félicitations du chef, ahuri de voir ce que j'avais rapporté d'un territoire si pauvre.

J'étais fier d'avoir relevé ce défi, mais je doutais d'avoir encore la force de recommencer à mélanger les genres : la course cycliste régionale en solitaire, le british way (chapeau, parapluie) et l'Amérique à Blois.

Ma fiancée, impressionnée par mon visage émacié, m'incita à trouver un job moins itinérant. J'acceptai, mais jurai intérieurement de recommencer le porte-à-porte dans des conditions moins aléatoires, car j'avais pris goût à vendre à des gens simples et méfiants.

Je commençais à deviner qu'inspirer confiance est le facteur décisif, mais que la mériter en est un autre... Cela s'éduque.

IV. Passages sur neige et glace

Dale Carnegie affirmait qu'on ne peut vendre avec naturel, écrire avec fluidité si l'on ne s'est pas mis dans des conditions de *parler en public*. Le plus souvent possible, régulièrement.

Avec le recul, je sais qu'il avait raison. Qui n'a observé qu'à franchir la porte d'un commerçant pour obtenir de lui une belle commande, notre cœur se met à battre la chamade. Ce genre de tachycardie s'atténue avec le rythme des visites. Ne serait-ce que pour une raison profonde : au début, notre pouls monte en régime parce qu'en franchissant le seuil, nous sommes en état de quête et de doute. Nous nous sentons un peu coupables de prendre de l'argent et c'est alors que nous nous prenons les pieds dans le tapis. Puis, peu à peu, nous découvrons qu'en vérité nos interlocuteurs ont autant besoin de nous que nous avons besoin d'eux.

C'est alors que nous nous prenons les pieds dans le tapis.

Ainsi, en amour, pour la plupart des adolescents : l'amant croit prendre plus qu'il ne donne et perd, de ce fait, le contrôle... Outre que cela n'est pas du goût de l'aimée, l'amant découvre qu'il devient parfois plus attendu qu'il ne l'imaginait. Le temps et l'expérience font le reste.

Le trac d'un vendeur qui va de boutique en boutique comme je l'ai fait pendant trois ans, jusqu'à devenir champion de France de la vente des aspirateurs chez Philips, n'est rien auprès du trac qui paralyse certains acteurs lorsqu'ils s'avancent sur scène vers un public qui devient, premiers rangs mis à part, une masse indifférenciée.

Vendre, essayer de vendre même si l'on est complexé, permet de lancer des signes qui peuvent émouvoir « l'adversaire ».

Peu à peu, on note les effets sur le visage du partenaire. Et vient le jour où l'on sait user de ce qui, au départ, n'était que panique.

Sous les spots, en pleine lumière, perché seul sur un podium, face à une foule toute noire, on ne distingue plus rien. Les visages ne sont plus des miroirs. On ne peut plus ajuster les propos et les mimiques, tout est flou. La délivrance - ou la catastrophe tant crainte - ne survient que si vous « passez la rampe » et que des encouragements vous parviennent sous forme de rires, de vagues ou de bruyantes réactions. Mais vous êtes doté d'un petit don d'expression et puis, à condition qu'il existe un talent initial, bien sûr, on prend confiance. Et, salle après salle, les planches vous manquent dès que vous les quittez.

C'est pourquoi les plus grandes stars de cinéma tiennent à faire ou à refaire du théâtre, peu rémunérateur mais tellement gratifiant en réassurance : nous avons besoin d'échos venus d'une foule, encore plus que des échotiers que sont les critiques les mieux disposés à notre égard.

Le pire des tracs n'est peut-être pas celui de

l'acteur. Je me demande si le trou noir d'une salle - quand on l'a connue et maîtrisée - n'est pas qu'un bref moment narcissique auprès du long blocage du journaliste débutant face à la page blanche. Ne parlons pas de l'écrivain dont les premiers manuscrits sont rejetés par des éditeurs aveugles ou trop lucides.

La peur de la feuille blanche.

Les copy-writers inexpérimentés, ceux qui, dans les agences de publicité, préparent un texte qui sera imprimé sur la page d'un magazine (une page en couleurs coûte facilement 120 000 francs...), connaissent d'autres paniques. J'ai connu un rédacteur très doué qui est resté six mois à soigner son syndrome de la page blanche : après une longue série de succès, il n'avait connu qu'un demi-échec qu'il ne se pardonnait pas. Écrire dans un bureau pour deux millions de lecteurs du *Figaro Magazine* ou de *Paris-Match* provoque le vertige. Certains plongent sans retour.

Un acteur sur les planches ne distingue pas clairement les émotions qu'il déclenche chez chacun des spectateurs ; mais il perçoit l'émotion collective de la salle tiède, chaude ou glaciale. D'un soir à un autre, il peut s'ajuster.

Un concepteur, un rédacteur en publicité - de même pour un directeur artistique qui prépare une photo, un film, un spot radio - ne peut attendre et entendre aucune des réactions. Ce n'est que six mois ou un an après sa prestation qu'il saura s'il a été un passeur, un passe-temps, un passionné de lui-même mais incompris du public, un pastel délicat mais invisible, ou une passoire : l'argent qu'on lui a confié a pris le chemin des petits trous...

Si je n'ai jamais connu d'échec en publicité (simplement quelques demi-succès), si je conçois et si j'écris sans être stressé par la feuille blanche et les délais toujours trop courts, je le dois à Dale Carnegie, celui qui affirmait : « Parler en public sans aucune note est le seul moyen d'avoir un style fluide. »

Parler en public réduit la timidité. A une condition : en savoir, sur le sujet, dix fois plus qu'on ne dira.

J'ai beaucoup appris chez Philips en me frottant à des centaines de concessionnaires de la marque répartis sur 32 départements.

J'ai vendu des lampes incandescentes, des tubes fluorescents, des rasoirs électriques, des aspirateurs. Et même, aux pharmaciens, des appareils contre la surdité. Mais c'est surtout par des lettres que je les ai convaincus.

J'ai vendu des Simca en grimpant, au Quartier latin, les étages d'immeubles où vivaient les jeunes pauvres en 1954. Mais c'est en devenant l'animateur du service Promotion des Ventes de Simca que j'ai eu conscience du pouvoir des mots.

Simca venait de battre un record spectaculaire : 100 000 kilomètres à 100 à l'heure sur la piste de Montlhéry[1]. Les services relations publiques et publicité tenaient un sujet qui ne laissait pas d'impressionner journalistes et conducteurs.

Je ne sais plus si j'ai eu *l'idée* (en brain-storming) ou si j'ai reçu la mission d'accomplir ce qui a été décidé après les 100 000 km à 100. Quoi qu'il en soit - mais de cela je suis sûr - aidé par une jeune HEC, je bâtis le projet de sélectionner cinquante

1. Sous le contrôle de la Prévention routière.

concessionnaires Simca et de leur proposer un pacte offensif en dix points.

Offre :

1. Je viendrais vers chacun d'eux commenter une heure durant l'exploit des 100 000 km à 100.

2. Je serais accompagné des dix pilotes victorieux et de leur chef (connu d'eux).

3. Je leur ferais livrer gratuitement les quantités nécessaires et suffisantes de Pernod, Cinzano, Picon et quelques amuse-gueules.

4. Je rédigerais pour eux des cartes d'invitation à leurs meilleurs clients.

Contrepartie :

Ils devraient :

1. Refaire leur façade.

2. Imaginer une vitrine sur le thème 100 000 à 100 et m'adresser une photo de celle-ci : la meilleure des cinquante serait primée généreusement. Cinq autres aussi.

3. Les toilettes : non seulement les repeindre, mais veiller au minimum de confort (ce n'était pas le cas en 1954).

4. S'assurer de la présence de 500 clients, au minimum.

5. Chauffer les ateliers avec des braseros pour créer une ambiance style sur-le-tas.

6. Obtenir l'autorisation de circuler dans la ville avec dix voitures peu discrètes.

Tout cela se faisait par direct-mail [1]. Je n'enregistrai que des accords chaleureux.

1. Courrier adressé à domicile.

Et c'est ainsi que les 10 pilotes, leur chef et moi nous partîmes faire 50 shows dans 50 villes : 20 000 kilomètres en 100 jours sur neige et glace, car c'était l'hiver et quel hiver !

Qu'à cela ne tienne, le « Père Gauthier » (62 ans), chef des pilotes, par neige ou verglas, fonçait comme sur sol sec. Ne voulant être lâché, je découvrais les glisses de rêve : braquages et contre-braquages, toupies volontaires étaient mon plaisir de nuit comme de jour. Mais je n'étais pas parti 100 jours pour rouler à 100. J'étais sur les routes pour faire de chaque concessionnaire visité, « l'homme du jour ».

J'étais parti pour vendre en parlant sur un podium. J'avais dans la tête tout ce que je voulais énoncer. Sur le conseil de Dale Carnegie, j'en savais dix fois plus que je ne pouvais exprimer. A l'effroi du « Père Gauthier », je n'avais rédigé aucune note. Je partais sans papier. Rien dans les mains, tout dans la tête. Aucune répétition.

La « Première » eut lieu à Auxerre à moins que ce ne soit à Montargis. Puis les caves de Beaune... Griseries ou pas ? Autosatisfaction ou pas ? Inconscience du danger ?

Ils se réchauffaient autour des braseros...

Face à 500 personnes se réchauffant les mains autour des braseros, je parlais, nullement impressionné par les dignitaires de l'Église et les préfets, sous-préfets et élus qui s'étaient déplacés. Les ateliers étaient pleins comme moi de ma passion pour l'automobile et pour Simca en l'occurrence. Une heure pile après le début de mon exposé, je descendais du podium et j'étais étouffé par les enthousiasmes... et les commandes.

Je n'en revenais pas : je n'avais pas 30 ans, et des

notables âgés de 50 ou 60 ans me demandaient conseil. Je les accompagnais vers le bureau des ventes...

Un mois après, les ventes montaient encore de 20 %.

Un mois encore après mon passage, les concessionnaires enregistraient 20 % d'accroissement de leur chiffre d'affaires.

Le directeur de la publicité de Simca, impressionné, m'annonça son départ imminent : il allait créer une agence de publicité qu'il baptiserait Provente [1]. Il m'invitait à faire partie de son équipe ; j'allais devenir passeur sur un mode que je ne connaissais pas : d'un stylo à des inconnus, lecteurs, auditeurs et, plus tard, téléspectateurs.

Que conclure de ces passages sur neige et glace ?

1. Oui, vendre d'une personne à une autre est le premier pas. Mais tout reste à faire aussi longtemps qu'on n'a pas parlé ou écrit à des inconnus comme si on connaissait chacun d'entre eux.

2. Oui, parler en public, sans notes, développe la fluidité, le naturel du verbe et la confiance en soi.

3. Oui, parler dans le noir facilite l'écrit sur papier blanc. Cette vérité m'apparut lorsque je devins, en trois ans, chez Provente, un rédacteur efficace.

C'est alors que je décidai de créer ma propre agence. Elle porte encore le même nom qu'en 1959, date de sa fondation : Impact. Aujourd'hui, je trouve ces six lettres bien guerrières. Le public ne me paraît plus une cible.

Je ne veux plus faire de trous. Je souhaite que les

1. Provente, agence de publicité, devenue NCK, puis, en 1984, FCB.

publics aiment les publicités. Je déteste celles qui les perforent, les blessent ou leur font injure. Et, depuis 1964, c'est à cette pacification que je m'emploie.

Malheur au Tartarin !

J'ai mis, il est vrai, quatre ans (de 1960 à 1964) à découvrir, à vérifier - aux dépens de mes premiers clients et de ma solitude agressive - qu'un passeur ne va pas impunément d'une rive (celle où il reçoit sa mission) à une autre rive (celle où il doit persuader).

Il n'est pas seul à vouloir débarquer avec ses arguments. D'autres passeurs occupent généralement les berges et tirent à bout portant. Malheur au Tartarin ! Être passeur en publicité exige que le plan de passage reste secret.

Être passeur en publicité, c'est débarquer là où aucun des adversaires n'est sur ses gardes. Être passeur, c'est choisir aussi son heure et prévoir courants et contre-courants.

Et toujours, et surtout, ne pas faire de bruit avant l'entente avec les riverains conquis. Silence, avant d'être assuré du succès. Après, on peut parler. C'est ce que je vais faire à propos de quelques succès.

Tous ne sont pas récents. Certains le sont. Je me tais sur d'autres : un passeur reste, peu ou prou, tenu au secret professionnel.

Un passeur n'est pas un pasteur.

Certains publicitaires, qui ne sont pas des passeurs, parlent volontiers de la façon dont il convient de jeter des ponts. Je les trouve pontifiants. Et puis, en publicité, un pont est toujours exposé. Un jour ou l'autre, les adversaires le font sauter ou le contournent comme Allemands ligne Maginot.

Un passeur n'est pas un pasteur qui délivre son credo. Longtemps après, il doit révéler juste ce qu'il faut pour donner à d'autres le goût, la passion de devenir, eux aussi, des passeurs. Même s'ils ne savent pas tout ce qui les attend.

Malgré sa résistance, le nouveau Têtu adore se baigner : plus vous le lavez, mieux il se porte.

Si jamais un bas Têtu filait, Le Bourget l'échangerait

TANT qu'il dure, un bas garde sa valeur, mais s'il file, il ne vaut plus rien.
Une paire de bas Têtu vaut 7,95 F à l'achat mais les vaut pendant des semaines et des semaines puisque Têtu refuse de filer.

Tandis qu'une paire de bas achetée bon marché ne vaut plus rien au bout de quelques jours, quelquefois même au bout de quelques heures. Ce qui prouve bien, une fois de plus que le prix d'achat ne signifie rien.

La véritable économie se juge au temps que dure un bas et au plaisir qu'on a, jour après jour, de le sentir sûr, souple, fin, soyeux.

Et puis il y a la garantie le Bourget : si jamais, par extraordinaire, un bas Têtu filait, il vous serait aussitôt échangé !

TÊTU
Bas Le Bourget

1964. Le client espérait vendre 50 000 douzaines. Cette annonce lui a permis d'atteindre 330 000 douzaines.

Hommage à Jean Feldman : un des hommes qui sait oser et doser. Avant lui, la Woolmark n'était qu'une marque orgueilleuse et vide. Avec lui, le concret est émotionnel et vendeur.

1

2

1. **Les modèles** de pèse-personnes que l'auteur a fait créer par Marco Zanuso.
2. **Conçue par CFRP,** cette annonce toute simple me paraît un superbe exemple d'effet d'oasis.

Les éléments Allibert de cette salle de bains de rêve : à gauche, le nouveau miroir de rangement « Starlight » choisi en bleu crocus (existe également en blanc et beige). A droite, meubles de rangement « Andonia ».
Allibert présente :
"STARLIGHT"
(Un soir devant son miroir)
UNE SALLE de bains ouverte sur un soir d'été, espace de marbre et de verre : un rêve, bien sûr...
Mais pourquoi ne pas rêver ? Avec les meubles Allibert, les accessoires et les miroirs Allibert, tout est permis. Même dans le plus fou des décors, ils vous permettent de concevoir une salle de bains pratique, facile à vivre.
La preuve : le grand miroir éclairant du coin-coiffeuse est beaucoup plus qu'un simple miroir. Juste une pression, et le miroir pivote pour découvrir un petit meuble de rangement, avec étagères, balconnet de maquillage amovible, prise de courant...
« Starlight 600 », l'un des 5 miroirs de rangement de la gamme Starline d'Allibert, coûte environ 900 F, prix relevé au 30/6/84. Avec lui, pourquoi ne pas commencer à changer un peu le décor de votre salle de bains ?
ALLIBERT
Des idées pour s'évader
Salles de bains pour s'évader
Sur 64 pages couleurs, tous les meubles et tous les accessoires Allibert. Avec, en plus, des idées pour décorer votre salle de bains. (Bon à retourner à Allibert - Habitat France, Service Publicité, B.P. 153, 91005 Evry Cedex.)
Nom
Adresse
MF 1

1

Préparation : 15 mn + 12 h au réfrigérateur (ou 2 h au congélateur)
La charlotte Forêt Noire aux biscuits Brossard
Griottes, fromage blanc, chocolat...
DÉLICIEUX nature, les biscuits Brossard aux œufs frais permettent de réussir facilement de savoureux desserts imaginés par Papy Brossard.
• 8-10 personnes : 60 biscuits Famille Brossard aux œufs frais, 1 pot de confiture de griottes (450 g), 500 g de fromage blanc à 40 % M.G., 3 cuillerées à café de cacao non sucré, 1 tablette de 200 g de chocolat noir, 6 cerises confites, 3 cuillerées à soupe de guignolet-kirsch, 1/2 verre d'eau, 1 moule à charlotte de 20 cm de diamètre.
• 4-6 personnes : 30 biscuits Brossard, en diminuant légèrement les quantités des autres produits, 1 moule de 18 cm de diamètre.
Tapissez le fond et les bords du moule de biscuits vite trempés dans un mélange d'eau et de guignolet-kirsch. Garnissez en alternant une couche de fromage blanc mélangé avec le cacao, dans lequel vous aurez incorporé la confiture de griottes (gardez un peu de confiture pour la décoration), une couche de biscuits, etc. Terminez par une couche de biscuits. Mettez 12 h au réfrigérateur (ou 2 h au congélateur) avec un poids dessus. Démoulez, décorez avec du chocolat râpé gros et les cerises confites.
Brossard et Nathan ont édité un livre de 48 recettes à base de biscuits Famille. Pour le recevoir, envoyez, sous enveloppe affranchie, à L.P.V. Brossard - B.P. 7, 89150 Véron, un chèque bancaire ou C.C.P. de 25 F à l'ordre de L.P.V. avec vos nom et adresse, avant le 31.08.85 (envoi sous 5 semaines - stock limité).
Les recettes de Papy Brossard
brossard

2

Le champagne d'un mystique : Claude Peyrot

Restaurant Le Vivarois, à Paris
(Michelin °°°, Gault et Millau, Kléber)

La consécration menace les grands chefs. On vient chez eux pour eux et ils sont ailleurs : atteints de nomadite, des contrats les aspirent vers Londres, Genève ou Tokyo.

Vous en arrivez à vous demander si votre argent les intéresse. Oui et non. Car presque tous les trois-étoiles travaillent à perte : ce qui les sauve, ce sont les cachets du bout du monde.

Alors comment Peyrot arrive-t-il à joindre les deux bouts puisqu'il se contente d'un seul : le bout de l'avenue Victor-Hugo. Encore faut-il bien connaître l'endroit. Si vous n'êtes pas conduit par une inspiration surnaturelle, vous passerez le long de son restaurant sans même pouvoir y entrer : vous ne le verrez pas. Chacun sait que les croyants n'ont pas besoin de voir leur dieu pour le rencontrer.

N'entrent que les initiés

L'avenue est sombre le soir : un mystique est aux cuisines ; n'entrent que les initiés, guidés par la Providence.

En vérité, je vous le dis, Peyrot ne travaille pas pour votre argent. Heureusement pour lui, sa femme est à la fois généreuse et attentive aux contingences...

Peut-être que si Peyrot a le don prématuré de Rimbaud, c'est que sa femme est une mère si merveilleusement permissive.

J'ai remarqué que beaucoup de chefs plantureux vivent avec des femmes viriles : Peyrot n'aurait pas pu. Cet ascète rabelaisien sort tout droit d'une étude de Mélanie Klein, à qui l'on doit l'explication des phantasmes et surtout celle des clivages entre bonne et mauvaise mère... Peyrot connaît la différence.

Comme souvent les génies, Peyrot cultive soigneusement son complexe de Jocaste. Sans sa femme, il serait obligé de devenir adulte. Et sa créativité, au lieu d'être spontanée, serait sans doute « sculptée », pétrie, mûrie et plus laborieuse.

Dans votre assiette, le rêve continue

Peyrot est le contraire d'un sculpteur : c'est un aérien ; un homme d'odeurs, de notes, de verbe.

Mais il se méfie des mots : la flatterie l'exaspère. Les louanges sincères lui paraissent conventionnelles. Il aimerait être aimé, mais c'est dans les yeux de ses hôtes qu'il cherche la récompense de ses dons.

Cherche est d'ailleurs trop dire : son regard perdu dans les étoiles - les siennes et pas celles du Guide Michelin - semble absent, tourné vers l'Absolu. Jusqu'au moment où il se fixe sur vous, brûlant, bleu, enfiévré. Vous pensiez échanger quelques mots. Pas sûr. Il entend des voix, celles des cuisines, et disparaît comme il était venu, génie des nues. On croit avoir rêvé : dans votre assiette, le rêve continue.

Il est cependant possible d'apprivoiser cet insaisissable : surtout la nuit. Il peut alors parler. Et il parle comme un torrent. Et il boit comme vous et moi. Du champagne. Du crémant de Cramant, signé Mumm.

Teilhard de Chardin et Freud aidant, une bouteille de René Lalou relance les débats. Demain, il se lèvera aux aurores : il ne vous le dit pas. Pas plus qu'il ne fera le moindre commentaire sur ses champagnes préférés. A vous de sentir.

C'est très bien ainsi : Peyrot ne risque pas d'être gâché. Ni par l'argent ni par la gloire.

Incorruptible il est, détaché, libéré il restera.

Pierre Lemonnier

Le Vivarois - 192, av. Victor-Hugo, Paris. Tél. 504.04.31.

Deux autres grands champagnes de Mumm : un Cordon Rouge millésimé 73 et un Mumm rosé.

Une bouteille de René Lalou relance les débats...

1. **Les hypertrophies** du cerveau droit. Ici, il exige un onirisme romain. Pourquoi pas ? Puisque nous avons doublé le nombre de coupons-réponses.

2. **Offrez des recettes** et vous recevrez des coupons-réponses. Vous vous ferez des amies fidèles et des enfants fascinés.

3. **L'auteur interviewe** Claude Peyrot, le génie de l'avenue Victor Hugo, pour développer les ventes du champagne Mumm.

Rubson en toitures

pour vaincre définitivement les infiltrations d'eau

Contre les infiltrations d'eau, l'humidité, la corrosion, là où tout a échoué, Rubson réussit sur les toitures. Parce que Rubson a mis au point des produits à base de caoutchoucs spéciaux et de résines nobles qui sont pratiquement insensibles au vieillissement et restent, après de nombreuses années, aussi souples et imperméables qu'au premier jour.

Il existe 3 produits Rubson pour les toitures :

• *Rubson Mastic Butyl* : recommandé pour colmater les fissures avant l'emploi d'un revêtement et comme complément d'étanchéité (label NF).
• *Rubson Liquid Rubber* : caoutchouc liquide (garanti sans goudron ni bitume), pour réparer les toitures-terrasses, chéneaux, imperméabiliser les fondations, réservoirs. Protéger les constructions métalliques contre la corrosion, etc.
• *Rubson « Spécial Toitures »*, pour l'étanchéité ou la rénovation de voûtes, sheds, toitures de toutes natures (ce revêtement liquide forme en séchant une véritable feuille protectrice sans joints ni raccords, aussi souple que du caoutchouc vulcanisé).

Rubson c'est aussi...

• *Rubson Mastic Silicone* : (label SNJF) conforme aux exigences des normes élastomères, autovulcanisant à hautes performances, pour tous les joints et scellements élastiques.
• *Rubson Mastic Acrylic* : (label SNJF) pour les joints et fissures de façades, ce mastic peut être peint avec toute peinture.
• *Rubson « Spécial Façades »* : conseillé pour imperméabiliser et rénover les murs tout en les laissant respirer. Ce revêtement, adhérent et souple, est lavable et fongicide.
• *Rubson Invisible* : appliqué sur des façades propres (en pierres, briques, etc.) ou fraîchement ravalées, ce liquide incolore forme en séchant une protection imperméable totalement invisible qui repousse, avec l'eau, les poussières et suies grasses qui noircissent et dégradent les murs !

Bon à découper

à retourner à Rubson S.A.F. *
7 et 9, rue Lionel Terray, B. P. 215
92505 Rueil-Malmaison Cedex

Veuillez me faire parvenir :
• Gratuitement une documentation résumée sur :
☐ Rubson Liquid Rubber
☐ Rubson Invisible
☐ Rubson Spécial Toitures
☐ Rubson Spécial Façades
☐ Les mastics Rubson

• Contre 9 F en timbres-poste (ou autres formes de paiement) :
La nouvelle édition du Guide Rubson « Comment vaincre définitivement l'eau et l'humidité ». Brochure illustrée de 120 pages, très complète, faisant le point sur les produits d'étanchéité, avec leurs performances, leur mode d'emploi. Et plus de 50 exemples concrets d'utilisations.

Nom ou raison sociale

Adresse complète

Tél.

M-T 2

* *Mercure d'or 1972*

Colmatage d'une fissure

Masticage d'une verrière

Réparation de chéneaux

Imperméabilisation d'une voûte

1 *Étanchéité d'une terrasse avec Rubson Spécial Toitures*

SÉCURITÉ DANS L'ENTREPRISE

600 pieds mutilés chaque jour au travail

95 % de ces accidents pourraient être évités par le port de chaussures de sécurité...

Plus de 140 000 victimes, soit 1/8e des accidents du travail. 3 000 000 de journées perdues. Coût pour les entreprises : 1 milliard 500 millions de francs actuels. Tel est le bilan annuel des accidents aux pieds.

A l'origine : le manque d'information des travailleurs, mais aussi des dirigeants d'entreprise.

Un énorme gaspillage

Le fait est qu'à l'exception des ingénieurs de sécurité, peu de responsables sont en mesure de citer spontanément le taux de cotisation de leur entreprise au titre des accidents du travail.

Pourtant, celui-ci représente en moyenne 4 % des salaires : 3,4 % dans l'automobile, 13,9 % dans la construction métallique. Ce taux dépasse même 20 % dans certaines branches d'activités.

Coût direct auquel les économistes ajoutent encore le coût (indirect) du remplacement de la personne accidentée, des pertes de production, des dégâts éventuels causés par l'accident, etc.

Au total, un accident grave aux pieds coûte en moyenne 70 000 F à l'entreprise.

95 % des accidents pourraient être évités

Réduire - voire supprimer - les accidents aux pieds revient d'abord à en connaître les causes.

En premier : l'écrasement des orteils qui représente plus de 70 % des accidents aux pieds dans l'industrie.

En second : la perforation de la plante des pieds (clous, fers en attente, etc.), plus de 80 % des cas dans le bâtiment et les travaux publics.

Le solde se partage entre les brûlures par les acides, les métaux en fusion... et surtout les chutes dues à la faible adhérence des semelles traditionnelles.

Or, les experts des Comités d'hygiène et de sécurité sont formels : le port de chaussures de sécurité comme celles produites par la Société Jallatte (numéro 1 dans le monde) permet dans 95 % des cas d'éviter l'accident.

Maximum de protections

De fait, l'exemple de ce spécialiste français vaut d'être cité.

En effet, tous ses modèles sans exception sont aujourd'hui pourvus d'une coquille d'acier (qui peut supporter jusqu'à 3,5 tonnes de pression). A laquelle s'ajoute tout un ensemble de protections spéciales.

Ainsi, sur les chaussures de sécurité destinées au secteur du B.T.P. (voir schéma ci-dessous) la perforation du pied est évitée par l'incorporation d'une fine semelle en acier flexible.

Quant à l'adhérence, Jallatte propose des modèles de semelles dont les matériaux et les reliefs ont été étudiés en fonction des différents types de sols sur lesquels les travailleurs auront à se déplacer.

Enfin, les chercheurs de la Société Jallatte viennent de mettre au point une nouvelle gamme de chaussures à semelle Softane, aussi légères et confortables que des chaussures d'usage courant.

La sécurité : un investissement rentable

Quant aux 60 F que coûte en moyenne une paire de chaussures de sécurité, ils sont largement remboursés par la réduction du taux de cotisation « accidents du travail » (qui est fonction du nombre des accidents enregistrés). Et la diminution considérable des accidents aux pieds.

C'est pourquoi il est raisonnable d'espérer que les mois à venir permettront de constater, au moins dans ce domaine, une augmentation sensible du nombre des entreprises qui protègent leur personnel.

Pour tous renseignements sur les chaussures de sécurité : écrire ou téléphoner à Jallatte S.A. - B.P. n° 5, 30170 St-Hippolyte-du-Fort. Téléphone : (66) 80.22.66 –. Télex : 49020 Jalatte Shipf.

Coupe d'une chaussure de sécurité Jallatte

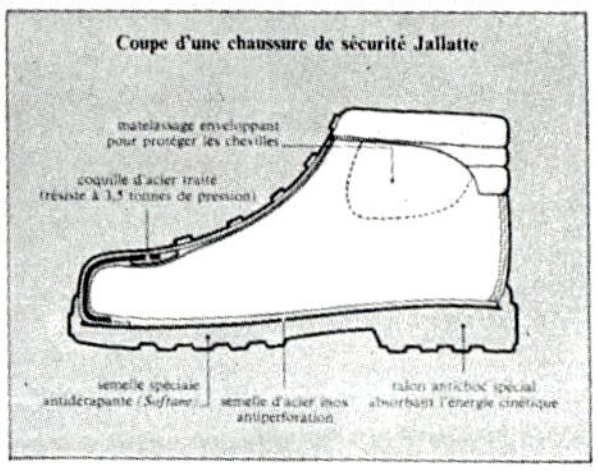

← *Un des 20 modèles de chaussures de sécurité Jallatte (avec semelle antiperforation incorporée)*

2

A chaque hémisphère cérébral son tropisme. **Page de gauche,** une photo émotionnelle pour solliciter le cerveau droit. Eviter de la « polluer » par des mots. **Page de droite,** un texte assez long pour assouvir le cerveau gauche. L'annonce O-Cedar est un exemple d'une juste balance : le poids de l'émotion, le poids des arguments.

1. **Sur fond d'usine** en ruine. Zola n'est pas loin, mais Rubson arrive. Et le coupon (placé en haut à droite) va faire des miracles.

2. **Due à Claude Bouchonnet,** cette annonce qui a battu le record de France de lecture. Il s'agit d'une chaussure de sécurité.

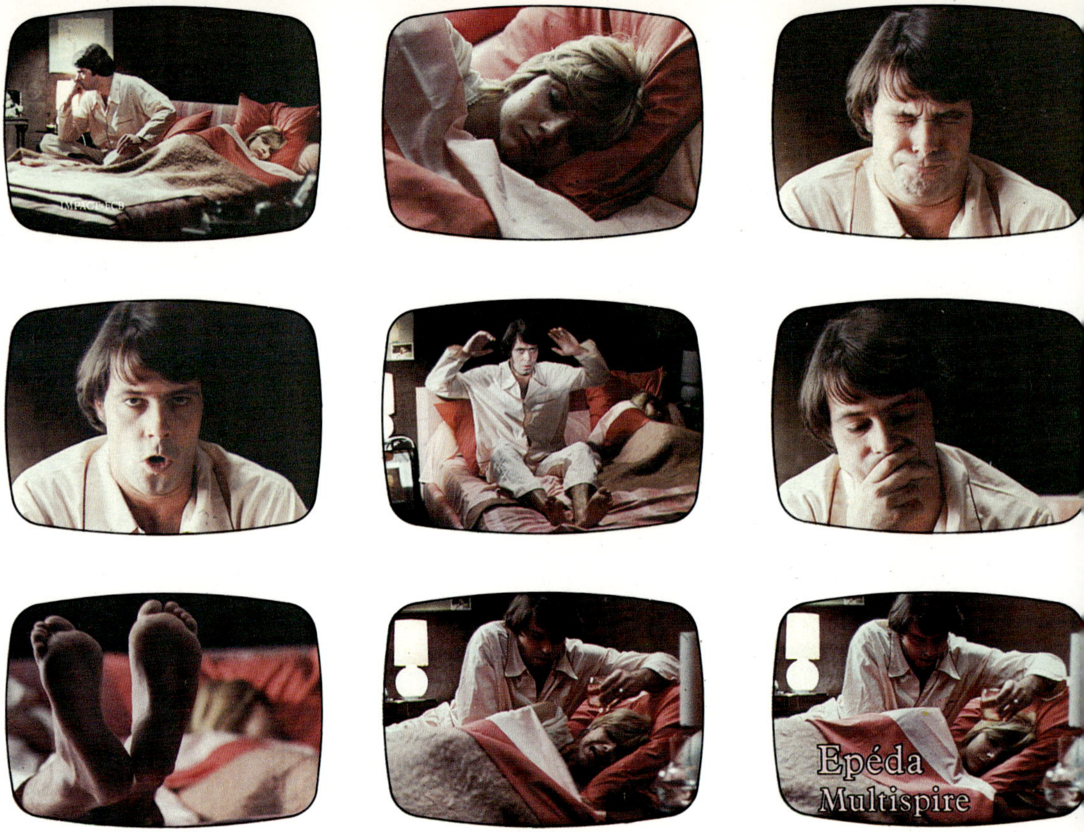

Près de sa femme endormie, un homme en proie au hoquet. Quand il croit que c'est fini, ça recommence ! Dernière chance : le verre d'eau. Mais au moment où il s'en empare, un terrible hoquet lui fait renverser l'eau sur sa femme qui se réveille en sursaut. Comme quoi il est bien vrai que « sur un matelas Epéda Multispire, on peut vivre sa nuit sans réveiller l'autre... ou presque ! ».

C'est le film qui a le plus contribué aux ventes du matelas Epéda Multispire.

V. Un passage par les Vosges

C'ÉTAIT en 1962. En ce temps-là, seuls les professionnels faisaient du jogging chaque matin. Moi aussi, entre 7 et 8 : à un athlète qui se couchait très tôt, j'avais confié la clé de « mon » appartement. Femme ou pas dans mon lit, il me tirait par les pieds. Quand on n'a pas de volonté, il faut avoir des volontaristes dans le quartier...

J'habitais un rez-de-chaussée, juste en face du stade Géo André, qui jouxte le Parc des Princes. Chaque matin, nous tournions en parlant.

— Tu es toujours dans la publicité ? Ça marche ?

— Oui enfin, ça tarde à démarrer. (J'étais au bord du désespoir car je ne prospectais pas et je n'avais pas de clients majeurs.)

Je reçois la comtesse.

— J'ai chez moi une comtesse qui vient passer le week-end. Une amie de ma femme... Tu es là, lundi matin au bureau ?

— Oui, à partir de 9 heures.

— Je te l'envoie. Elle veut monter un hôtel dans les Vosges...

Le lundi matin, je reçois la comtesse, la cinquantaine élancée, la voix très Neuilly. Je la reverrai toute ma vie. Je l'entendrai toujours.

— Cher âme-i, où puis-je le poser ?

Je désignai un canapé où étendre son vison sauvage. C'est alors qu'elle me demanda une permission :

— Puis-je téléphoner à Jacques ?

C'était l'époque où, quand on disait *Jean,* il ne pouvait s'agir que de Cocteau ou bien de Marais. *Jacques* n'était pas un prénom aussi mondain. Chirac n'avait pas encore vu le jour politique. Alors, qui ? Tout simplement Chaban-Delmas.

J'essayai de décoder cette conversation banale. Mais, rien. Elle voulait simplement « se positionner », comme on dit dans notre jargon, m'exprimer qu'elle avait une relation avec Chaban-Delmas.

— Très cher, l'objet de notre entretien est que je viens d'hériter d'un château dans mes Vosges natales et que je voudrais en faire un hôtel.

Vous ne voulez que des couples irréguliers ?

— Et vous avez combien d'argent à mettre dans la publicité ?

— 5 000 francs (à peine 100 000 francs 1985).

— Et vous avez une idée où les placer ?

— Tout à fait ! Absolument ! Dans *Le Figaro.*

— Vous chercher à faire venir qui exactement ?

— Des gens qui ont l'argent facile, qui fréquentent le Casino de Vittel. Vous voyez ?

— Très bien. Vous les voulez pour quand ?

— Pour la fin de l'année, le temps de faire les travaux... *Ces gens-là ne viennent jamais avec leurs femmes.* Alors il ne faut pas hésiter : poêles de faïence, meubles d'époque, canards sauvages sur fond de lacs glacés...

— En résumé, vous ne voulez que des couples irréguliers ?

— Mais enfin ! Enfin... Vous êtes naïf ou quoi ? Les hommes, mon cher (je sais bien que vous êtes encore très jeune...) ne se laissent aller qu'en escapades. Le reste du temps, l'argent leur colle à la poche intérieure.

— Mais vous croyez qu'on peut énoncer tout cela dans *Le Figaro ?*

— J'avoue que je n'y avais pas pensé. Mais où avais-je donc la tête ? C'est vrai que ce serait choquant...

— Dans *Le Figaro* oui, mais pas par « direct-mail ».

En moins d'une heure j'appelle le Guide Michelin et, par faveur spéciale, j'obtiens qu'on évalue son château et qu'on le signale pour ce qu'il est : somptueux. Mieux, je tente d'obtenir d'un ami, qui dirigeait une carte de crédit relativement en vogue, qu'il me procure la liste des 1000 personnes qui dépensent le plus dans la région de Vittel. Outré, il raccroche. J'insiste, il y consent. J'étais sauvé.

— Jeune ami, comme vous y allez ! Et qu'allez-vous faire avec ces grands noms du Gotha ?

— A chacun d'eux, j'enverrai quatre lettres. Très progressives pour ne pas les effaroucher. Parce que, quand même, dire à un monsieur, juste au moment des fêtes de Noël ou du jour de l'an, que c'est l'époque idéale pour quitter femme, enfants, Tannenbaum et tout, pour découvrir des canards sauvages... Vous êtes sûre que vous tenez à inaugurer en fin d'année et surtout à faire le plein ? J'ai peur pour vous.

Leurs femmes ferment les yeux...

La comtesse n'en démordait pas.

— Ces gens-là voyagent tellement que leurs

frêles têtes blondes sont habituées. Et leurs femmes ferment les yeux.

— Parfait ! vous l'aurez voulu. Je vais leur écrire un message spécial : un peu de Madame de Sévigné, que je relirai pour me faire la main. Vous voyez ce que je veux dire ?

— Tout à fait, je vois le ton, j'adore !

— Un peu de Daninos dans le genre « Comment vivre avec ou sans Sonia ». Beaucoup de moi pour arracher des réservations.

Des enlacées, des basculées, des patineuses sur lac glacé.

Marché conclu. La comtesse s'y voyait déjà. Elle se mettait visiblement dans la peau des enlacées, des basculées, des patineuses sur lac glacé.

Quant à moi, aussitôt la dame partie, je saute sur mon stylo pour rédiger les quatre lettres érotico-touristiques et je m'enquiers d'un imprimeur capable d'imiter parfaitement l'écriture manuscrite : il s'agissait que le destinataire crût ouvrir une lettre personnelle. Précautions supplémentaires : une fille collait des timbres relativement rares ; une autre mentionnait chaque adresse à l'encre véritable.

Il ne restait plus qu'à attendre les réactions des golfeurs, bridgeurs et autres membres du Tir au Pigeon et du Polo de la Bagatelle.

Noël arrive, Noël passe. Je n'ose appeler la comtesse. C'est elle qui me tient au courant :

— L'érotisme n'est plus ce qu'il était... Je n'ai pas fait le plein, loin de là. Mais j'ai eu un M. Saltiel au téléphone. Il n'était pas intéressé par notre offre, mais il a bien ri. Il m'a dit que je ne pouvais pas être l'auteur de ces lettres coquines. Il veut vous rencontrer.

— Saltiel ? C'est les bas Le Bourget.

— Oui, c'est ça...

— Dites-lui qu'il y a moins d'un an, je travaillais pour Vitos, son principal concurrent et aussi pour Givenchy. Dites-lui que j'ai, dans ma tête, un projet révolutionnaire.

Le lendemain, j'étais convoqué (il n'y a pas d'autre mot) et reçu par quatre Saltiel : le patriarche, son frère et ses deux fils. Un vrai tribunal.

L'interrogatoire ne traîne pas. Mon assistante n'en croit pas ses oreilles.

— Voilà. Nous sommes quatre ici. Et nous avons tous reçu vos lettres. Nous n'avons rien contre l'érotisme, bien au contraire. Nous n'irons pas dans les Vosges cet hiver mais les médecins sont tous portés sur la chose, alors nous avons pensé à vous. Avec votre style, vous pourriez nous sortir d'une sorte d'injustice, d'incompréhension.

De fait, je n'y comprenais rien. Les médecins, tous des obsédés ? Des lettres corsées pour leur vendre quoi ?

— Nous avons la licence d'un brevet, une mine d'or, mais pour l'instant nous sommes au fond de la mise. Nous avons à proposer aux femmes un bienfait qui mériterait un prix Nobel, mais nous ne sommes pas compris des médecins.

— Je vous croyais dans la lingerie, les bas... Vous voulez vendre un médicament ?

— Vous y êtes presque. Nous avons la licence de « Supp-Hose », *le bas qui repose.* C'est un bas de contention... un bas qui contient la pression sanguine. Des millions de femmes, dentistes, vendeuses, hôtesses de l'air ont les jambes lourdes. Supp-Hose relance le sang vers le cœur. A chaque pas, les mailles agissent comme les mains d'un masseur... Normalement, ça devrait être remboursé par

Supp-Hose, le bas qui repose.

la Sécurité sociale. D'ailleurs, nous allons lancer une sous-marque destinée exclusivement au corps médical et aux pharmaciens. C'est pour attaquer les médecins qu'on a pensé à vous.

— Je connais un peu les médecins. Ils ne sont pas ce que vous croyez. Vous allez vers l'échec si vous les prenez par la cuisse légère. Ils ne sont pas contre, mais ne supportent pas qu'on le leur écrive !

Là, j'ai cru que l'entretien allait mal tourner. J'allais me faire vider comme un petit publicitaire qui ne connaissait ni le pouvoir de contention ni le secret des instincts confrontés aux jambes lourdes. J'étais en plein dans « les dessous » de la publicité. Moi qui voulais être au-dessus des coups bas.

En réalité, il y a des refus qui sont récompensés. Le quatuor, si prêt à tout qu'il semblât être pour faire fortune, préféra m'écouter.

Mon assistante et moi étions arrivés à 10 heures. A midi, le patriarche se leva et feignant de consulter sa famille, qui - c'était clair - n'avait jamais rien eu à dire, déclara, heureux, chaleureux et décidé :

— Je pense que nous sommes tous d'accord. Avec les médecins, vous ferez comme vous sentez. Vous avez des yeux qui ne trompent pas. J'ai rendez-vous avec Publicis à 12 heures 30. J'y serai et ce sera pour rompre mon contrat. A 15 heures, vous aurez mon budget (l'équivalent de 13 millions de francs 1985...).

S'il vous arrive de laisser passer des talents, vous les retrouverez chez vos concurrents.

Je n'avais rien contre Publicis. Mais j'avais quelque chose contre son directeur général qui m'avait, sept ans plus tôt, proposé un salaire de famine alors que mon dossier était déjà celui d'un professionnel. Indigné par son absence - réelle ou feinte - de flair, je l'avais prié de quitter son bureau des Champs-

Élysées pour que nous nous expliquions d'homme à homme sur le trottoir. Courageux, humain, il avait accepté. Accepté aussi de m'entendre prédire :

— S'il vous arrive souvent de laisser passer des talents, vous les retrouverez chez vos concurrents. Et, un jour, ça fera mal.

C'est lui qui, vers 15 heures, m'appela par téléphone. Seigneur et n'ayant pas oublié ma prédiction, il fut très sobre : « Bravo ! Bonne chance ». Depuis ce jour-là, nous aimons nous retrouver, partout et surtout au bout du monde, là où nous conduisent nos goûts communs pour les sites et les architectures en survivance.

Dès le lendemain, commença le relancement de Supp-Hose. En moins d'un an, les ventes doublèrent.

J'étais sorti du trou. Mais j'allais décoller par l'intercession d'un incroyable hasard.

Une petite bête qui monte tout le long des jambes.

Depuis trois ou quatre ans que je lisais des études de motivations, j'étais frappé de l'effet de nudité subite qu'éprouvaient les femmes au moment où une maille file : une sorte de frisson, une petite bête qui-monte-qui-monte tout le long des jambes. Et, comme une trahison.

A cette époque, les bas de grandes marques coûtaient entre 12 et 15 francs. Le paradoxe voulait que plus ils étaient fins, plus ils filaient vite. La ruine pour un budget moyen, l'insupportable pour une femme très à l'aise.

Devenir mémère avant l'âge ?

Bien sûr, on pouvait acheter des bas indémaillables : mais les femmes qui optaient pour ce recours, on les imaginait peu visitées par la grâce. A moins que ce ne soit le contraire. Bref, il n'y avait qu'une alternative : des prix tyranniques ou devenir mémère avant l'âge.

J'avais déjà, cinq ans auparavant, suggéré à Vitos de produire un bas qui ne filerait pas, mais ne vieillirait pas non plus celles qui le porteraient. Éclats de rire chez Vitos. Et commentaires acides lorsque j'ajoutais : « S'il file, on le rembourse. Pas d'angoisse, les femmes sont plus honnêtes que vous ne croyez ». On m'avait pris pour un illuminé. Mêmes réactions chez Le Bourget.

— Vous êtes gentil, Pierre, mais si ce bas existait, nous ne vous aurions pas attendu pour en faire un best-seller.

— C'est quoi un best-seller, c'est combien de douzaines ?

— A partir de 25 000 douzaines, c'est la fortune !

Quinze jours après ces perspectives avortées, le patriarche m'appelle :

— Pierre, le brevet de « votre bas » vient de sortir à Francfort. Je fonce et je prends la licence. *Préparez-vous ! (Il me vouvoyait dans le doute et me tutoyait dans l'espérance.)*

Retour du vieux lion.

— Pierre, je renonce. C'est superbe, mais l'inventeur est trop gourmand : pour lui, c'est 50 000 douzaines par an ou rien.

— Signez pour 50 000 car mon concept est prêt et ça va faire un malheur. Le bas s'appellera *« Têtu », le bas qui refuse de filer !*

— Tu parles d'or, fiston. Mais si tu échoues, qui paiera ?

— Moi, à ma façon.

— Quelle est ta façon ?

— Je continuerai de développer les ventes de

Supp-Hose et je réduirai mes honoraires le temps qu'il faudra pour payer la casse éventuelle.

Le patriarche fonceur prit la licence pour 50 000 douzaines. Un an après, aidé par un photographe qui marchait fort au chiroubles, j'avais « vendu » 320 000 douzaines ! Et il en fut ainsi pendant plus de dix ans.

Non seulement mes honoraires récompensaient ce tour de force mais, dans Paris, Impact n'était plus une agence inconnue. Les méchantes langues assuraient que c'est le second souffle qui compte. Elles ne savaient pas que je courais 50 kilomètres par semaine.

En attendant, sans forcer, je pus, enfin, passer les cinq vitesses d'une Ferrari Lusso 250 GT. Le patriarche, amusé, me suppliait d'avoir le pied léger...

Les cinq vitesses d'une Ferrari.

J'en tirai deux conclusions :

1. Sentir qu'un client a de la gratitude est stimulant. Mais savoir qu'il craint pour votre vie développe la créativité.

2. La plupart des publicitaires vivent un cauchemar : *plus le produit est insignifiant, plus ils se doivent d'être créatifs.* A ce jeu-là, une nouvelle cire liquide prend, dans les médias, plus d'importance qu'une découverte décisive sur le cancer.

La plupart des publicitaires vivent un cauchemar.

En revanche, il me plaît que ce soit un publicitaire qui ait inventé les mouchoirs Kleenex. J'ai beaucoup plus d'admiration pour lui que s'il avait créé un super slogan pour Kleenex.

Un grand publicitaire doit d'abord mettre sa créativité dans les produits. Confiner l'innovation au jeu des mots m'a toujours paru ludique, mais dérisoire.

Quand un produit apporte un progrès, la publicité rapporte plus et dépense moins.

Un publicitaire qui conçoit un bénéfice réel pour les consommateurs pollue moins qu'un jongleur de mots, d'images et de sons d'autant plus coûteux à produire qu'ils sont au service d'un produit banal, qu'il faut sans cesse faire gesticuler artificiellement.

J'ai toujours regretté que les produits les plus remarquables soient souvent ceux que les différents publics découvrent par le phénomène « bouche à oreille ».

Inversement, nos yeux, nos oreilles sont agressés par des messages publicitaires d'autant plus fracassants... que le produit - comme on dit vulgairement - « ne casse rien ».

La publicité cessera de susciter des contestations lorsque les produits seront plus grands que les mots pour les vendre.

C'est lorsqu'un produit « va de soi » qu'il va encore mieux avec l'aide de la publicité.

La publicité n'est pas un médicament mais un révélateur qui aurait intérêt à être bergsonien [1].

1. « Que le mot ne soit pas plus grand que la chose. » Bergson.

VI. Passeur de Téfal

LES PUBLICITAIRES se plaignent, comme le faisaient les nourrices, d'avoir à élever des bébés mal nés. Il existe deux moyens d'éviter d'avoir à expliquer à un annonceur que tout irait mieux si son produit n'était pas banal.

Le premier consiste à imiter Ogilvy, qui décida, dès l'ouverture de son agence, des budgets somptueux dont il souhaitait s'emparer. Il y parvint.

Le deuxième est de faire naître le budget. Ainsi, devenant le coauteur du risque, ne peut-on pas « jérémier ».

La première occasion de n'avoir à m'en prendre qu'à moi-même fut, on l'a vu, « Têtu, le bas qui refuse de filer ».

La seconde ne tarda pas à survenir. Ce fut « Téfal, la poêle qui n'attache pas ».

En sept ans, les ventes des deux produits furent à ce point ascensionnelles, qu'en partant de rien, les deux purent me confier un budget qui équivaudrait pour l'un et pour l'autre à 22 millions de francs 1985.

J'ai connu Marc Grégoire, l'inventeur de la poêle Téfal, en novembre 1962. Comme d'autres trouvent une idée dans leur baignoire, Marc Grégoire avait trouvé la sienne en plongeant une poêle achetée chez Prisunic dans un bain très spécial. Qui est en vérité l'auteur de cette trouvaille qui a tant facilité la vie quotidienne des femmes actives ? Marc ou sa femme ?

Comme d'autres trouvent une idée dans leur bain.

Marc, qui m'a autorisé à raconter son aventure, était, au départ, chercheur au CNRS. Il avait, de ce fait, accès à des documents qui pouvaient déclencher des associations d'idées.

C'était un fou de la pêche à la truite. Dans sa modeste bâtisse de Sarcelles, il était allé jusqu'à faire cascader une petite rivière. Déçu, irrité (il était assez irascible...) par les performances des cannes à pêche, il imagina d'en produire une à partir de fibres de verre. Mais comme le démoulage posait des problèmes, il eut l'idée d'utiliser du téflon, un matériau éprouvé dans l'aéronautique. La glisse, au démoulage de la canne à pêche, fut une telle révélation pour sa femme (qui était aussi vive qu'Annie Cordy) qu'elle déclara à son bougon de mari :

— Si le téflon fait glisser au démoulage de ta canne, pourquoi cela ne ferait-il pas glisser des œufs au plat sur une poêle qui les retient ?

La légende veut que Mme Grégoire partît aussi sec acheter une poêle en alu et que Marc Grégoire la plongea dans sa baignoire, qui n'était certainement pas remplie de savon ! Cette version n'a jamais été infirmée ni par Marc ni par sa femme.

La poêle Téfal était née : elle n'attachait pas ; avec ou sans beurre, tout glissait comme un ski bien farté sur une pente. Restait à la vendre.

Mme Grégoire s'en chargea, louant un stand rue de Rivoli, près de la Samaritaine ! Le bain était génial et les ventes surprenantes. Le plus surprenant, pour moi, c'est que le directeur d'une grande agence de publicité était parvenu à devenir actionnaire de l'entreprise balbutiante. Encore plus surprenant pour Marc Grégoire : son administrateur de publicitaire le dissuadait d'investir en publicité ! Marc Grégoire décida de me rencontrer pour éclaircir ce mystère. Car enfin que cachait cette anorexie volontaire ?

Restait à la vendre.

Dès le premier entretien, je pris le parti de soutenir mon confrère. J'avançai que le brevet était peut-être encore un peu jeune et fragile. Et puis, les fonds propres de Téfal étaient inexistants et sa capacité d'investir, à vrai dire, nulle. L'entreprise ne possédait même pas son instrument de production : elle le louait !

Qu'à cela ne tienne, Marc Grégoire voyait grand. Mais le petit homme qui l'accompagnait voyait petit et c'était clair : il partageait les vues timorées du publicitaire associé.

Je conseillai cependant un emprunt à court terme pour faire en sorte que la poêle Téfal devienne vite *plus connue que vendue,* car l'inverse signifierait immobilisme relatif et risque de voir la concurrence plagier le brevet et réussir par préemption. Marc Grégoire, qui avait le sens de l'aventure - mais pas vraiment celui de ses finances - se déclara d'accord sous réserve de consultation de ses banquiers. Ulcéré par une décision aussi brusque, le petit homme blémit. Le lendemain, en secret, il me pria à déjeuner. Tout à trac, il m'avoua qu'il était en conflit sourd avec Marc Grégoire et qu'il entendait que je sois « son homme ». Et que, si je ne voulais

Sinon, il allait me scier les pattes !

pas le devenir, il me « scierait les pattes » et s'opposerait à l'emprunt qu'il considérait, au demeurant, comme une folie.

Je passai outre, considérant que ces querelles s'effaceraient en cas de succès de l'entreprise et surtout celle de l'Entreprise.

L'emprunt fut accordé fin novembre. Il était temps : mon projet était d'attaquer à la Chandeleur et à Mardi gras : c'est à ces seuls moments que les crêpes volent.

Stratégiques et tactiques, les crêpes, car si vous vous contentez d'argumenter sur « n'attache pas », vous tombez sur des ménagères qui se disent : « Moi je mets du beurre et mon steak dore sans attacher ». Or Marc Grégoire, qui avait peut-être des problèmes de cholestérol, voulait absolument que sa poêle fût messianique : elle devait impérativement libérer les Françaises et les Français des graisses de toutes sortes. Pas question que sa Téfal soit détournée de sa mission.

Qu'est-ce qui glisse ? Sans rien pour faire dorer ? Une omelette ? Oui mais, dans ma tête, glisser n'était pas spectaculaire. Il fallait que ça saute ! Et qu'est-ce qui saute ? Les crêpes et rien d'autre. Freud n'y aurait pas contredit : une femme qui envoie des crêpes en l'air fait régresser son mari au stade préœdipien ! Quant aux enfants, ils découvrent Icare et Jocaste à la fois. Merci qui ? Mama mia...

Ça volait de partout !

Les jours des crêpes maternantes arrivaient : j'envoyai le maximum sur une seule antenne, Europe 1. Ça volait de partout. 15 fois par jour !!!

Bilan ? De quoi financer, sans emprunt, trois fois les fonds engagés. Marc Grégoire ne tenait plus en place ; son conseiller ne savait plus s'il devait se réjouir ou se payer une hépatite virale à crédit.

L'impatience de Grégoire était difficile à contenir : il voulait réattaquer dès la rentrée. Difficile de lui exposer qu'à cette époque les cahiers, les crayons, les cartables...

Il consentit néanmoins à préparer ses forces nouvelles en attendant la nouvelle Chandeleur et le nouveau Mardi gras. Ce ne fut pas un envol des ventes, ce fut un Apollo ! Le budget envisageable pour l'année suivante (1964) permettait enfin, enfin...

1. D'acheter une usine.

2. D'investir en publicité avec 4 millions de francs 1967 (environ 19,5 en 1985).

Le bang des ventes.

D'après les études de marché, il était clair que nous ne serions plus jamais rejoints par les 42 concurrents qui, déjà, affrontaient le brevet Téfal.

La progression des ventes restait incessante encore que plus douce. Pour accélérer, je demandai à Marc Grégoire d'étudier *une poêle plus épaisse* afin d'éliminer quelques réclamations : celles des ménagères qui oubliaient une poêle un peu trop mince sur un feu trop ardent.

Comme souvent les annonceurs heureux, Marc Grégoire était fétichiste : il craignait que la chance ne tournât si sa poêle devenait une autre poêle vendue à un prix plus élevé. Comme j'étais devenu un peu son fétiche, il se demandait aussi si de ne pas m'écouter n'entraînerait pas des lendemains critiques. Soutenue par un budget très lourd, la nouvelle Téfal connut un « bang » des ventes, qui doublèrent très exactement.

En 1969, je disposais de 6,5 millions, l'équivalent de 28,5 millions 1985. Les bénéfices dégagés étaient tels que des investisseurs lorgnaient sur la poêle aux œufs d'or.

Chaque année, des sondages confidentiels indiquent quelles sont les institutions et les firmes considérées comme les plus sympathiques et les plus attrayantes pour y faire carrière.

Qu'importe l'ordre d'arrivée, mais il est clair qu'Air France, EDF, Shell étaient toujours dans le peloton de tête. Ce n'était pas le cas de Péchiney, perçu comme un groupe puissant, inventif mais secret, mystérieux et froid.

C'est justement chez Péchiney que l'assistant de Marc Grégoire rêvait d'entrer par la grande porte : celle qui déboucherait sur une cession de Téfal aventureuse à une entité inébranlable.

J'étais au courant de ce projet depuis 1962. Pendant sept ans, je ne sus si je devais révéler la confidence : il est toujours éprouvant d'avoir deux décisionnaires, l'un de la lumière et l'autre de l'ombre... Jusqu'à la dernière minute, je me tus. La dernière minute arriva lorsque, les tractations avec Péchiney traînant en longueur, l'assistant se mit d'accord avec un groupe plus ouvert : SEB, connu par sa Cocotte-Minute...

En publicité, les rabais ne pardonnent pas.

La fin de l'histoire ? SEB, nouveau propriétaire, confia le budget Téfal à l'un de mes confrères ; d'être un ami très cher ne l'empêchait pas de pratiquer des tarifs plus doux que les miens. Il s'étonna, trop tard, de connaître vers 1978 ou 1980 de sérieux problèmes financiers : en publicité, plus qu'ailleurs, les rabais ne pardonnent pas. Quant à moi j'étais, en cette fin d'année 1969, en train de préparer un second souffle.

J'avais beaucoup donné mais j'avais beaucoup reçu et surtout beaucoup appris.

VII. D'une glace à une Bugatti

C'EST en 1960 que je connus le pape français des études de marché. Les USA avaient leur Dichter, célèbre par son livre *la Stratégie du désir*; un ouvrage inspiré de l'école de Vienne où Dichter appliquait aux produits, aux consommateurs, à la publicité, à la vente ce que Freud étudiait derrière son divan.

La France avait son Denner, Alfred ; le frère aîné de Charles, l'acteur ténébreux, encore dans l'ombre à l'époque. Le grand talent de l'un ne le cédait pas à celui de l'autre.

Alfred Denner était un travailleur du jour et de la nuit. Devenu le gourou du Tout-Paris des annonceurs, il se prit pour moi d'une amitié brûlante et néanmoins scrupuleuse. Il me révélait ses méthodes de recherches mais gardait intactes les conclusions propres à ses clients.

Caché derrière une glace sans tain.

Avec lui, j'appris plus en un an que dans les dix années précédentes. J'étais d'autant plus excité qu'aux USA, Ogilvy prétendait devoir son succès à ce qu'il avait observé lors de son passage à l'Institut Gallup. C'est vrai que, caché derrière une glace sans tain, il est fascinant et surtout très instructif, de découvrir comment une femme à qui l'on confie un faux ou un vrai magazine, passe d'une annonce à une autre : on ne tarde pas à comprendre pourquoi certaines sont lues d'un bout à l'autre et, la plupart, victimes du tourniquet qui les jette au cimetière où s'ensevelissent l'illisible, l'absurde, l'anodin.

Vous découvrez que l'œil se pose d'abord sur la photo, et que si le titre surmonte l'illustration, il n'est pas perçu dans 20 % des cas. Que si l'accroche est placée sous la photo, cette disposition a pour effet d'entraîner la lecture du texte. L'inverse ne pardonne guère.

Vous notez ce que savent les journalistes et que les créatifs s'obstinent à ignorer : *une lettrine* [1] aide l'œil à se poser sur le début d'un texte qui doit, si possible, emporter la conviction par les informations indispensables qu'il apporte au lecteur intéressé.

Il conduisait l'œil des lecteurs là où il le décidait.

Vous êtes surpris de l'effet que produit une légende, c'est-à-dire une petite phrase glissée, en petits caractères, juste le long d'une photo : c'est ce qui est le plus lu après le titre, qui, lui-même, décide du sort de l'annonce. *Tous les metteurs en pages de journaux ont appris qu'une photo sans légende indispose les lecteurs.* Les art-directors de la publicité n'ont cure de ce qui augmente l'intérêt d'une annonce. Pour eux, ce qui compte c'est qu'elle soit chouette ou choc.

C'est pourquoi, dès 1964, tirant parti des heures passées chez Alfred Denner, j'ai éliminé de mon agence les directeurs artistiques qui n'avaient

1. Lettrine : voir page 53.

aucune expérience typographique. J'en ai trouvé d'autres qui connaissaient cet art de faire lire : ils étaient pour la plupart *des anciens du Livre et de la Presse.* Je fus beaucoup aidé dans ce remaniement par Philippe Saalburg qui est, encore à l'heure actuelle, l'un des plus grands experts mondiaux dans la façon de conduire l'œil d'un lecteur là où il a décidé de le faire passer. De par le monde, d'excellents metteurs en pages, d'excellents typographes le rejoignent parfois, mais aucun ne le surpasse en précision et en régularité.

Avant de refaire le monde, mieux vaut le connaître.

La publicité, c'est comme le tennis. Que cela plaise ou non, c'est affaire de régularité plutôt que d'inspirations parfois quasi géniales. Dans le monde de la publicité, on ne retient que les coups spectaculaires alors que si l'on détaille les performances, on s'aperçoit que celui qui gagne est toujours celui qui a commis le moins grand nombre de fautes. Ce constat est agaçant pour les débutants fougueux : il en faut. L'essentiel est de ne pas rester un éternel débutant, un éternel ignorant des scores.

La plupart des créatifs « jouent à la publicité » comme ils jouent au tennis : pour se défouler, pour s'éclater. Ils ne s'occupent pas de voir si la balle sort du court : ils cognent.

Philippe Saalburg tenait toutes les balles dans le court. Peut-être manquait-il de brio comme souvent les « crocodiles ». Peut-être préférait-il « ce qui s'est fait de mieux » à ce qui pourrait balayer le passé. Mais, avant de refaire le monde, mieux vaut d'abord connaître ses richesses et ses lois obligatoires.

Philippe Saalburg et moi, nous avions des controverses enfantines. Il possédait une belle

Bugatti qu'il était capable de démonter et de remonter convenablement. Pour lui, pas le moindre doute : Ettore Bugatti restait insurpassable. Si j'osais avancer, en tant que possesseur d'une 275 GTB 4, que je préférais Enzo Ferrari, nous pouvions passer la nuit sans que son credo fût ébranlé...

Si je vantais les douze cylindres en V qui venaient de gagner les 24 heures du Mans, il ouvrait le capot noir de son auto et ne retenait que la rectitude esthétisante d'un moteur superbe pour l'époque mais... Pas de mais !

Ce culte excessif du passé m'agaçait un peu : reste que, relatant nos débats à Enzo Ferrari, lui-même m'assura : « Vous savez, en automobile, malgré les apparences, depuis 1925, on n'a rien inventé de fondamental : les grands principes demeurent très actuels. Je ne les oublie jamais lorsque j'élabore un nouveau modèle. Rien ne sert d'épater le bourgeois... »

Philippe Saalburg avait appris son métier aux USA et, en France, il avait fait des prouesses chez J.W. Thompson. Mais c'est peut-être Cassandre et Ogilvy qui l'avaient le plus marqué.

Il terrorisait les directeurs artistiques.

Soucieux de perfection, intolérant mais insurpassable dans l'art de faire lire, Philippe terrorisait les directeurs artistiques qui transformaient un texte vendeur et capital en un joli gris illisible. Avec lui, interdit d'imprimer des lettres blanches sur fond noir, rouge, bleu ou vert. Si ce genre d'erreur pouvait être tolérable en 1964, comment se fait-il qu'en 1985 on puisse trouver dans les magazines des dizaines de pages de publicité dans lesquelles l'œil ne peut pas entrer ?

Avec lui, pas de textes composés en caractères empruntés à l'esthétique froide du Bauhaus. Tout devait être élaboré à partir de ce que sont aujourd'hui les caractères des magazines les plus lisibles : *Le Point, Spectacle du Monde, Sélection du Reader's Digest, Le Figaro Magazine.*

En tant que copy-writer, et directeur de la création d'Impact, je veillais au respect de ses exigences qui étaient tout autant les miennes. Car il y allait de savoir si nous avions dix rédacteurs-concepteurs pour décorer des pages ou pour faire lire le minimum d'informations que désire un lecteur intéressé. Car intéressé, s'il ne l'est pas par le produit, comment le serait-il par un défi à la lecture ?

Il est normal qu'un produit, quel qu'il soit, n'intéresse que 5, 10 ou 15 % des feuilleteurs d'un magazine. Ce qui n'est pas normal est de ne pas lui donner sa « chance statistique » en décourageant l'œil qui a, pour lui, ne serait-ce qu'un léger tropisme.

David Ogilvy a été l'ouvreur de cette voie trop peu suivie. Son premier livre, *les Confessions d'un publicitaire,* paru en 1963, exposait déjà le résultat de ses recherches. Tout ce que l'on pouvait tirer de son expérience concordait rigoureusement avec les observations auxquelles je me livrais, avec Alfred Denner, depuis 1960.

Depuis, rien n'a changé : Ogilvy persiste et signe un nouveau livre qui est sorti en 1984. Cette bible est encore plus précise que la première : superbe de clarté, de preuves, d'anecdotes, de prédictions. Comme son livre est beaucoup plus documenté que ne le sera le mien (sur quelques points tout au moins), je renvoie le lecteur qui souhaiterait aller

Cette annonce n'est pas un chef-d'oeuvre. C'est simplement un exemple du soin que je prends d'essayer d'informer et de faire lire.

A

La loi du moindre effort est aussi le secret des plus hauts rendements.

Voici trois annonces qui ont, en apparence, plus de similitudes que de différences.

Chacune d'entre elles incorpore une photo, un titre, un texte réparti sur trois colonnes et la signature du fabricant.

A votre avis quelle est celle des trois qui sera lue le plus facilement ?

Pour trouver la bonne réponse, posez-vous d'abord ces questions :
- Où votre œil a-t-il le plus de plaisir à se poser en priorité ?

De toute évidence c'est la petite fille et son gâteau qui focalisent le regard.
- Qu'est-ce qui donne envie de connaître la recette de la charlotte balinaise ? Le titre, bien sûr. C'est lui qui va faire lire le texte.

Partant de ce constat, pourquoi obliger l'œil à faire un rallye comme c'est le cas pour les annonces A et B.

Seule l'annonce C se lit sans effort, par attraits successifs photo, titre, recette, signature.

Une légende sensuelle sous une photo charnelle qui installe l'esprit DeSede.

Un titre qui commence comme un conte prometteur.

Une lettrine est un starting-block...

B

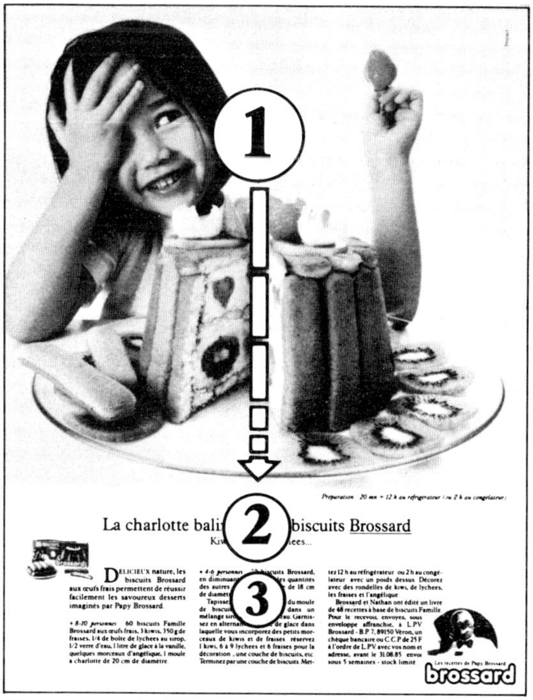

C

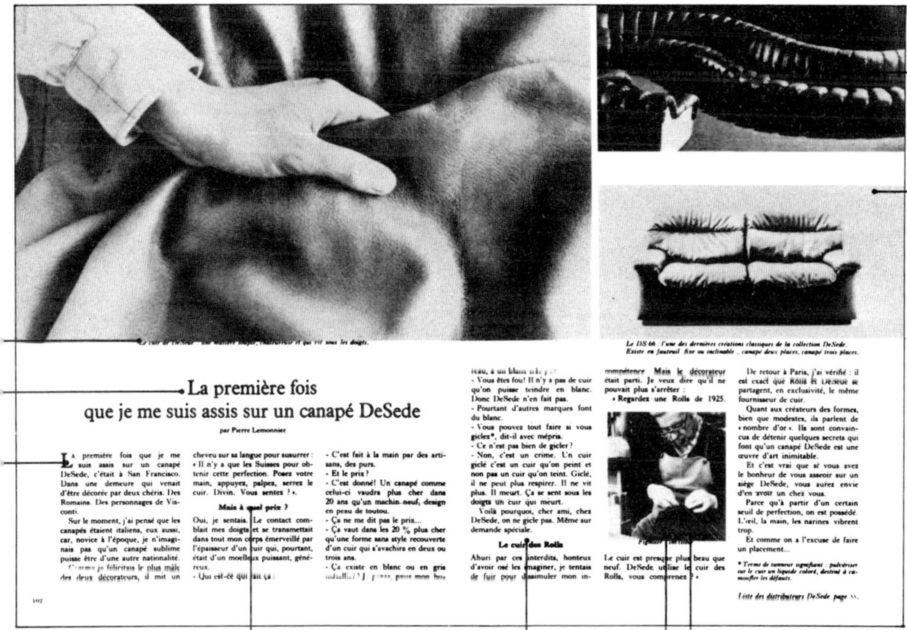

Deux photos de produits commentées de textes concis.

Deux intertitres pour relancer l'attention sur des points forts.

Une photo d'artisan pour signifier cousu-main. Une légende pour le dire autrement.

Comment j'ai appris pourquoi une annonce fonctionne mieux qu'une autre.

très en profondeur vers la somme qu'est *la Publicité selon Ogilvy*[1].

C'est aux cabinets de recherches que je dois d'avoir appris pourquoi une annonce fonctionne mieux qu'une autre. Et c'est aussi à eux que je dois, en 1965, d'avoir reçu de David Ogilvy, une bien étrange lettre :

« On me dit que j'ai un fils à Paris. Je ne l'ai qu'entrevu. Venez passer huit jours à New York ! » Il ne me déplaisait pas d'avoir un père qui était passé avant moi comme Bugatti avant Ferrari.

1. Denoël éditeur.

VIII. Sondages et sondages

ALFRED DENNER devint mon radar pour la surveillance des progrès de la poêle Téfal. Par lui, je savais tout : combien de femmes croyaient en avoir une alors qu'il s'agissait d'un plagiat de la concurrence. Combien étaient totalement satisfaites. Combien de maris grognaient, préférant un steak au beurre cuit à un steak à la Marc Grégoire. Combien de poêles détériorées prématurément. Combien de couples accordaient crédit à une rumeur absurde selon laquelle le téflon était cancérigène. Quels étaient les arguments les plus crédibles, les plus convaincants. Qui lisait quoi (*Elle, Marie-Claire, Paris-Match, Marie-France,* etc.).

A partir de quel moment entrerait-on dans ce que Grégoire appelait avec terreur « la couche dure » ? En effet, lorsque 50 % des foyers français sont déjà possesseurs d'une ou deux poêles Téfal, il est temps de se demander si les cinquante autres pour cent sont radicalement contre, encore en attente, non exposés à la publicité, ignorant même l'existence d'une poêle qui n'attache pas. Combien n'achèteront jamais. Comment trouver le contact avec les sans-opinion ?

Serait-il rentable, et à quel prix, d'aller les dénicher ? Sinon, comment faire progresser les ventes ? Par quels nouveaux produits ? A quel prix ?

Telles sont, à titre indicatif, les questions auxquelles peut répondre une étude de marché portant sur 1500 ou 2500 foyers. Elle peut aussi bien expliquer au Gouvernement pourquoi une surchauffe des impôts, de l'inflation ou du chômage chatouille les Français. Ce qui étonne les Français, c'est qu'ils sont abreuvés de sondages, mais qu'eux-mêmes ne sont jamais vraiment sondés en tant que personne interrogée par une autre.

En vérité, il y a sondages et sondages.

1. Il y a les sondages financés par les entreprises et les agences de publicité.

2. Il y a les sondages commandés à des fins politiques :

Je n'ai jamais été sondé ! Et vous ?

• Dans le premier cas, il ne s'agit pas de plaisanter. Il s'agit de vérifier le bien-fondé d'une stratégie commerciale ou d'une stratégie de communication. D'apprécier l'accueil d'un nouveau produit, d'une nouvelle campagne. Ou bien encore de détecter ce qui ne va pas à propos d'une campagne qui avait produit des effets positifs et qui commence à fléchir. Souvent, il y va de la vie d'une entreprise ; à tout le moins, de son adaptation au futur.

Dans ce premier cas, les entreprises et les publicitaires acceptent généralement de « payer le prix » d'un sondage présentant toutes les garanties de sérieux. Un sondage digne de ce nom implique le recours à des enquêteurs chevronnés. Comme on n'est jamais sûr de rien, cela consiste aussi à *opérer des contrôles multiples, notamment des contre-visites pour s'assurer qu'une visite a été réellement autre chose qu'un verre avec le copain de service.* Ces sondages-là coûtent très cher mais sont très fiables.

• Dans le second cas, il y a refus catégorique de payer le prix. Manque de moyens ? Peut-être.

Si on prenait un verre ?

Comme pour le prix consenti, l'institut de sondage ne peut pas opérer de contrôles, alors, qu'advient-il ? Quelques réelles interviews ; beaucoup d'interviews remplies au bistrot du coin, et, pour le reste, l'éternel carnet des complaisants. C'est ce qu'on appelle les échantillons aléatoires... Et voilà pourquoi vous et moi ne sommes jamais interrogés : nous ne faisons pas partie de « l'échantillon représentatif ».

IX. D'une logique à des motivations

En 1964, je l'ai déjà dit, l'agence Impact n'était plus inconnue. Mais ce n'est pas pour autant que nous affichions complet. Le moment n'était pas venu - et peut-il venir sans danger ? - de blesser un client chaleureux, pétillant, amateur de créativité débridée. C'est pourtant le risque que j'ai pris lors de ma première rencontre avec Roland Hesse, qui était (et est encore) à la tête d'Épéda (la branche matelas du groupe Épéda-Bertrand Faure).

Pourquoi blesser un client ?

A peine étais-je dans son bureau qu'il me conduit dans un petit dédale de couloirs et, ménageant son effet, me plante devant une affiche :

— Que pensez-vous de ce projet ?

Son œil réjouit en disait long. Je n'avais plus qu'à applaudir... Mais c'était plus fort que moi : quitte à me faire sortir d'une société où je n'étais entré que pour une consultation préalable, j'ai préféré renoncer à la plus élémentaire diplomatie.

J'ai bégayé :

— Pas... pas... pas possible ! Vous n'y pen... pen... pensez pas !

L'affiche, très colorée, très visible, représentait

une marmotte somnambule, un bougeoir à la main, avec pour seul texte : « Que marmotte-t-elle ? ».

Roland Hesse, savourant ma stupéfaction, m'entraîna quelques mètres plus loin :

— Cette première affiche n'est qu'une question. Voici la seconde affiche, elle est prévue pour être placardée dans les 15 jours qui suivront la pose de la précédente. Et ce sera la réponse.

Ahuri, je découvre la même marmotte mais, cette fois-ci, étendue sur un matelas, l'air béat, et ronronnant amoureusement : « Épéda, mon matelas ».

Mais pourquoi un humour aussi marmotteur ?

Comment se pouvait-il qu'un homme aussi brillant, aussi décidé à catapulter son entreprise, soit séduit par un humour aussi marmotteur.

En quoi ces deux affiches pouvaient-elles assurer le lancement d'un nouveau matelas destiné à porter Épéda au premier rang d'une compétition où figuraient Tréca, Simmons, Dunlopillo, etc. ?

A titre indicatif, *en 1964, Tréca avait une notoriété spontanée* [1] *double de celle d'Épéda. Vingt ans après, les chiffres se sont rigoureusement inversés* [2] mais pas par la marmotte et sa devinette...

Chemin faisant, à travers les couloirs, Roland Hesse, comprenant que je ne conseillais pas d'envisager une conquête du marché par un style symbolico-animalier, m'avoua que ces deux affiches avaient été concoctée par Épéda en collaboration avec un concepteur franc-tireur. Partisan de l'inattendu. Il y paraissait...

1. Réponse à la question « Quelle marque de matelas connaissez-vous ? ».
2. Enquête Sofres menée en 1983.

A l'heure actuelle, en publicité, les fous de l'inattendu pour l'inattendu ne sont pas morts. Ils représentent encore la majorité chez les créatifs en mal d'identité. Ils existent toujours parce qu'ils ont une raison d'être. Ils répondent aux attentes de certains clients ardents, amateurs d'idées-choc, déroutantes, impertinentes.

Ce n'est souvent qu'au prix d'expériences décevantes que les entrepreneurs qui réussissent découvrent qu'en publicité clownerie et efficacité font rarement bon ménage.

8 heures par nuit et pour 15 ans.

Roland Hesse était surdoué : en quelques minutes (pour d'autres, c'est tellement plus long), il se souvint qu'acheter un matelas c'est vivre avec lui (et l'autre) 8 heures par nuit et pour 15 ans. Bref, qu'on ne plaisante ni avec l'amour ni avec le minimum de confort généralement attendu. C'est par cette prise de conscience que ni Roland Hesse ni son équipe ne me tinrent rigueur de mon pan-pan la marmotte. Et, récemment, fêtant tous ensemble nos vingt ans de fidélité et de succès, nous avons ri et pleuré de rire sur sa mort, elle aussi inattendue.

Ce soir-là, j'ai appris qu'Épéda a un « top of mind [1] » double et parfois triple de ses plus valeureux concurrents. Oui, mais eux, combien de fois ont-ils changé de thèmes publicitaires en vingt ans ? Cinq fois, dix fois ?

En vingt ans, Épéda n'a jamais dévié : l'agence Impact a renouvelé les scénarii, mais l'axe de communication est demeuré inchangé parce que, d'emblée (ou presque), il a reposé sur une grande idée qui a quasiment valeur d'éternité.

1. Top of mind : la première marque qui vient à l'esprit.

Résultats ? Épéda vend 600 000 matelas par an, c'est-à-dire autant que ses deux concurrents principaux réunis.

Quand on sait qu'il ne s'achète que 3 millions de matelas (pour adultes) chaque année...

Quelle « grande idée » a permis ces scores peu communs ? Comment est née cette idée ? C'est ce que nous allons voir.

Comme souvent, lorsqu'il s'agit de créer, l'idée est venue d'une confrontation d'idées.

Chez Épéda, la conviction régnait qu'un succès se fonde sur des vérités incontestables. Or le fait était là : le nouveau matelas qu'Épéda s'apprêtait à proposer avait pour caractéristiques objectives :
— de n'être ni en laine ni en mousse,
— de renfermer jusqu'à deux fois plus de ressorts que les matelas à ressorts « classiques ».

A l'agence Impact, nous étions convaincus que tout nouveau produit doit apporter un progrès sensible. Mais c'est justement sur le mot *sensible* que nous étions en divergence avec l'équipe Épéda.

Les matelas de laine sont au sommeil ce que la madeleine était à Proust.

Pour moi, sensible c'est ce qui se ressent et rarement ce qui s'explique. Sensible c'est, à propos d'un matelas, plutôt raconter une nuit, des rêves vécus sur un Épéda que décrire, par le menu, la composition exclusive d'un matelas Épéda. Et puis, mon enfance me disait qu'il est casse-cou d'attaquer - de front ou par le biais de la technologie - les matelas de laine qui sont au sommeil ce que la madeleine était à Proust.

Proust ou pas, l'équipe Épéda comptait sur nous pour démontrer clairement (photos à l'appui) la supériorité réelle des nouveaux ressorts, et moi, je ne voulais surtout pas que les acheteurs potentiels rejettent un progrès patent sous prétexte que l'acier c'est froid.

Pour transiger, je suggérai que le nom de baptême du nouveau matelas prodige pourrait être *Multispire;* c'était de ma part une pirouette dans la mesure où ce vocable « parlait » aux techniciens d'Épéda mais restait mystérieux pour le commun des dormeurs. Accord unanime sur cette proposition.

Logique, quand tu nous tiens !

Mais ce n'était reculer que pour mieux sauter sur le même terrain : l'agence reçut aussitôt la consigne discrète de bien faire comprendre les raisons par lesquelles le brevet Multispire procurait un sommeil jusqu'ici inconnu. Logique, logique, quand tu nous tiens !

Un annonceur est dans son rôle en défendant sa logique de producteur. Mais il sort des rails de la communication s'il confond sa logique et les attentes des consommateurs. *Une des raisons d'être des agences de publicité est de donner l'heure qui fait rêver plutôt que de démonter l'horloge qui, dès lors, ne peut plus la chanter.*

Roland Hesse, en 1964, n'ignorait rien des études de motivations. Il cultivait ses logiques tout autant qu'il s'en défiait. Cette ambivalence fit que lui-même et son président (Gérard Faure) décidèrent de confier à Alfred Denner l'arbitrage de nos débats.

Une étude de motivations nous mit tous d'accord sur un certain nombre de constats majeurs :

1. Même s'il ne se vend en France que 5 % de matelas en laine (contre 65 % à ressorts), la laine reste et restera un symbole maternel. Ce qui n'est pas le cas pour l'acier... (fût-il baptisé Multispire).

Ils confondent l'aime et laine.

2. La nuit, nous ne savons pas comment nous dormons. Souvent, nous nous mettons en position fœtale ; nous devenons des prébébés. Et notre préconscient dit à notre conscient que les bébés confondent l'aime et laine. Donc inutile d'argumenter sur une technologie métallique, fût-elle douce...

Alors, ressorts, sortez de la publicité et restez là où vous êtes parfaits : garants cachés du sommeil technique.

Les lits à une place ne représentent que 40 % des ventes. Les lits matrimoniaux sont majoritaires avec 60 % ; mais, surtout, seul, on ne peut pas réveiller l'autre... Alors qu'à deux on peut se « retourner » contre l'autre. Pas tout contre l'autre, contre !

Il en résulte qu'une marque de matelas doit sa réputation au respect qu'elle assure au sommeil de l'un par rapport au sommeil de l'autre.

Comme il n'y avait rien à dire là contre, la décision fut prise :

1. d'investir sur les lits à deux places ;

2. d'axer la stratégie de communication sur les couples ayant environ dix ans de vie commune. Pourquoi ? Parce que, jeunes, nous nous marions sans bien savoir qu'il y a matelas et matelas. Vers la quarantaine, notre goût du confort s'affine et va de pair avec une alchimie : fusion et autonomie. C'est un luxe que l'on est prêt à s'offrir enfin.

Voilà pour ce qui était de la stratégie. Restait à trouver *l'idée.* Une idée pour 15 ans. Une idée ne s'écrit en majuscules que si elle colle rigoureusement à la stratégie. Et surtout si elle apporte une plus-value archétypale, une sorte d'attraction universelle qui fasse dire à chacun de nous : « Oui, c'est mon cas, oui, c'est pour moi, oui, c'est mon heure, oui je sais, par expérience, que j'ai mérité de vivre autrement et de me (et de nous) faire plaisir ».

Ma première idée fut de partir en guerre contre les lits séparés, dits jumeaux, symboles avant-coureurs, parfois, d'une réelle séparation de corps.

L'exécution consistait à déclarer en substance : « Si lorsque votre mari bouge, vous, folle de rage, vous vous mettez à rêver de lits jumeaux, arrêtez ! Surtout pas ça ! Ne changez pas non plus de mari. Dormez sur un matelas Multispire, le matelas pour bien dormir à deux sans réveiller l'autre ! ».

Pourquoi changer de mari ?

Une telle démarche faisait encore la part trop belle aux deux lits séparés. Or on a vu qu'un matelas se juge en fonction de sa capacité à rendre plus tolérables les mouvements incontrôlés de l'autre. L'intérêt d'Épéda (en termes d'image de marque et de profits) était d'être perçu comme le summum du sommeil à deux et pour longtemps... Rien d'autre.

Deux copy-writers de l'agence ont nettement amélioré mes premières ébauches. Hélène Delpuech a exploré *la saga des rêves* exécutée sous forme de messages radio d'une durée de 45 secondes.

Voici l'un d'eux. Il a obtenu un grand prix à New York en 1980 :

Message radio Épéda (45'')

Le bal

La nuit dernière...

Voix de femme sur fond d'accordéon :

— La nuit dernière, j'ai fait un rêve étrange.
C'était un dimanche de printemps, au bord
de la Marne... Il y avait un bal, et l'on dansait
sous les saules pleureurs... Les hommes portaient

des canotiers, et je me souviens que l'on s'amusait
à effeuiller les marguerites... Un peu... Beaucoup...
Mais, brusquement, mon mari a bougé
et je me suis réveillée...

La musique s'effondre. Voix d'homme :

— Dommage... Encore un joli rêve qui s'enfuit à cause d'un mauvais matelas. Cette jeune femme aurait mieux fait de choisir un Épéda Multispire...

Épéda Multispire, le matelas pour bien dormir à deux, et bien rêver toute seule...

La radio fit merveille. A elle seule, elle fit monter la notoriété d'Épéda et de Multispire de 15 % à 36 % entre 1966 et 1972.

Mais c'est par un renfort télévisé qu'elle a atteint 58 % en 1983.

Certes, la notoriété ne suffit pas : une marque peut être célèbre et creuse. Je veux dire vide de tout - ou presque - ce qui motive les acheteurs. Une marque pleine se reconnaît à la richesse de son image, à la variété des qualités complémentaires et parfois contradictoires qui lui sont attribuées par ses utilisateurs et non-utilisateurs.

En d'autres termes, la réputation d'une marque est, tout compte fait, un facteur de développement infiniment plus important que sa notoriété pure.

Quand on demande aux Français quel est le matelas le plus adapté pour dormir à deux, Épéda Multispire est cité 3 fois plus que son concurrent le plus proche. Et 9 fois plus que celui qui est le plus distancé [1] !

Le matelas qui apporte le meilleur soutien ? Épéda

1. Source Sofres 1978.

l'emporte par 3 ou 5 fois plus de citations. Le plus résistant des matelas ? Épéda avec 50 % d'avance. Le plus bel aspect ? L'écart varie de 50 à 100 %.

Bien sûr, ces scores très flatteurs ne sont pas dus aux seuls efforts publicitaires. Au fil des années, les conseillers commerciaux d'Épéda ont su convaincre les spécialistes de l'ameublement, lesquels sont bien placés pour apprécier les qualités objectives des matelas en compétition.

Il veut l'attraper... et le renverse.

Mais, au fil des années, la préférence des différents publics n'a cessé - on l'a vu - de monter. Et l'écart s'est encore creusé dès que Jean-René Ruttinger[1] a lancé sur les antennes de télévision des films d'une qualité exceptionnelle.

Le plus célèbre - il a été diffusé gratuitement aux USA par un jury de journalistes ! - met en scène (ou plus exactement au lit...) un homme et une femme. La femme dort, épanouie. *L'homme a le hoquet.* Il essaie tout, le pincement des narines, la position lotus, la respiration bloquée, etc., mais rien n'y fait. Soudain, il aperçoit un verre d'eau sur la table de nuit de sa femme. Il veut l'attraper... et le renverse.

La voix off de constater : *« Sur un matelas Multispire, on peut vivre sa nuit sans réveiller l'autre, ou presque ».*

Tout l'art de Jean-René est de ne rien imposer aux téléspectateurs qui ne soit ressenti par eux comme une tranche de nuit à peine outrée, tout juste plus vraie que vraie.

Et tout l'art de l'équipe Épéda est de participer à la sélection des scénarii ; et même de prendre le

Jean-René Ruttinger. Metteur en scène des messages radio et télévision de l'agence Impact. Grand front. Grand rêveur. Mais les pieds sur terre. Je n'ai jamais connu un homme capable, comme lui, de réconcilier cerveau gauche et cerveau droit : la cervelle ne lui mange pas le cœur !

1. Directeur de la production audiovisuelle à l'agence Impact.

soin d'assister au tournage des films afin qu'à la sortie nous puissions revendiquer tous ensemble les progrès accomplis chaque année.

On a vu les résultats de cette coopération, mesurés en termes de notoriété, d'image et de vérités.

Voyons, pour terminer, les appréciations des jurés, qu'ils soient consommateurs, journalistes, annonceurs, ou créatifs.

Sur 16 spots TV produits pour Épéda entre 1970 et 1984 :

— 2 lions d'or à Cannes,
— 1 grand prix Clio à New York,
— 1 prix « Stratégies »,
— le 7 d'or de Télé 7 Jours (panel de téléspectateurs).

Que penser de ces récompenses ?

1. Elles font toujours plaisir à l'agence et à ses clients.

2. Les plus stimulantes sont celles qui émanent du public, car c'est à lui que sont destinés ces messages. Et à personne d'autre.

Nous n'avons jamais créé un seul message dans l'espoir de séduire nos collègues, les médias ou même des annonceurs à l'affût des « oscars ».

3. Il faut se méfier des applaudissements. Même de ceux des téléspectateurs. Car *personne n'a jamais pu prouver qu'un film primé était à coup sûr un film « vendeur ».*

Dans le cas d'Épéda, il y a coïncidence puisque les ventes ont précédé les votes élogieux. Voilà qui comble de joie nos amis d'Épéda et les créatifs de l'agence. A juste titre.

4. Les prix délivrés par les créatifs sont sujets à caution. Pourquoi ? Ils jugent 3 000 films et votent souvent pour les plus proches de leurs goûts personnels, qui sont rarement ceux de la France profonde ou même « avancée ». Et puis, il est bien connu des initiés qu'il y a trop de votes de complaisance : « Tu montes la note pour ma bière et je monterai la tienne pour ton parfum ». *Bref, les créatifs n'achètent pas : ils s'achètent entre eux.*

5. Je ne boude pas les grands prix internationaux car ceux qui les délivrent ne sont pas achetables. Et puis, être primé à New York par des juges qui ne comprennent pas le français laisse à penser que les jurés votent avec leur plexus plutôt qu'avec leur cerveau. Pour ma part, je crois plus à ce qui pénètre qu'à ce qui divertit.

Trop de campagnes primées ne durent que le temps d'un vote.

6. Ultime réserve cependant ! Comment juger un film publicitaire, une annonce, si on ne sait - préalablement - où en étaient l'image du produit, ses ventes, ses parts de marché, ses profits *avant* l'action publicitaire et ce qu'il en est advenu *après* ?

La plupart des jurés ignorent ces données, puisqu'elles ne leur sont jamais communiquées.

Dans ces conditions, leur vote ressemble à celui d'un amateur de voitures de sport qui préférerait le look d'une Lamborghini aux victoires des Ferrari. Pourquoi pas ? Efficacité, performances, ou bien concours d'élégance ? Trop de campagnes primées ne durent que le temps d'un vote.

X. Kilobsessions et motivations

Je vois, Pierre, que vous n'avez pas changé... vous faites toujours du cross ?

— Versailles-Paris [1] une fois par an...

— En combien ?

— Pas terrible, 50 minutes, plutôt 55 si j'ai bu du Perrier-Jouët la veille !

— Combien de kilomètres ?

— 13.

— Pas mal, moi j'en fais 22, trois fois par semaine. Ça aide à faire le vide. Je viens vous revoir parce que ça fait *12 ans* que je dépense 120 000 francs par an et ça me fait l'effet de 120 000 verres d'eau jetés dans le désert. Alors j'ai décidé de multiplier par *12 !*

Il était presque Monsieur pèse-tout-le-monde...

Je vous confie 1 440 000 francs (soit environ 4,5 millions de francs 1985) pour l'année prochaine.

Qui parlait sur ce ton athlético-mathématique ? Paul Terraillon, c'est-à-dire Monsieur pèse-personne et presque pèse-tout-le-monde.

1. Ne pas confondre avec Paris-Versailles, 13 km de montées et 1 km de descente. Versailles-Paris, c'est le contraire.

Je l'avais connu douze ans avant. D'où sa proposition : 12 × 12 = 144...

— Pierre, j'ai décidé de frapper fort.

— En vous appuyant sur quoi ? Les pèse-personnes d'il y a douze ans ?

— Pourquoi pas ? J'en vends 600 000 par an et je tiens le marché.

— Les pharmaciens les vendent toujours deux fois plus cher que les quincailliers sous prétexte qu'ils sont chromés plus généreusement ?

— C'est-à-dire que j'ai toujours le même directeur commercial... On ne peut pas le tenir. Et puis, comme vous venez de le dire, ce ne sont pas vraiment les mêmes...

— C'est vrai, mais c'est spécieux plutôt que spécial. Qu'attendez-vous de moi ?

— Les Poids et mesures bloquent encore les pèse-personnes allemands, mais pas pour longtemps. Avec le Marché commun, il faut s'attendre à un relâchement des contrôles de précision...

— Alors le temps est venu de lancer des nouveaux modèles. Prendre dix ans d'avance, c'est le seul moyen d'éviter l'invasion. Et vous, vous pourrez exporter...

Paul Terraillon n'avait rien contre la nouveauté et encore moins contre l'exportation. Il me suggéra d'aller revoir son ami Raymond Loewy, le designer qui avait fait son succès des années 50 et 60.

Raymond Loewy, à cette époque, avait fait deux « tabacs » (sans parler des autres) aux USA.

• D'un côté, il avait dessiné des locomotives futuristes, un paquet de Lucky Strike et une Studebaker de rêve.

• D'un autre, il avait écrit un best-seller convaincant : *la Laideur se vend mal.* Ce qui n'est pas vrai mais qui est stimulant !

Seulement, voilà, même quand on est Raymond Loewy, on ne peut pas dessiner, écrire, vieillir et passer de New York à Paris. Et surtout, les professionnels le savaient : les collaborateurs parisiens n'arrivaient pas à la cheville du maître.

Se référer à un passé dépassé ?

Je laissai donc entendre à Paul Terraillon qu'il y avait du réchauffé dans la filiale parisienne et que mieux vaudrait envisager l'avenir sans se référer à un passé dépassé.

Paul Terraillon devait quelque part s'identifier à Raymond Loewy car il sursauta et prit le chemin de l'ascenseur en m'accusant d'être un iconoclaste par conflit de générations.

Comme ce n'est pas du tout mon cas, comme je me réjouis qu'Ernst Jünger soit en forme à 89 ans et comme je sacralise Enzo Ferrari qui a le même âge, comme j'apprécie les talents pour ce qu'ils font et que j'aime les rides du rire et du savoir, je me rebiffai.

— Vous ferez ce que vous voudrez, mais je vous le dis et le prédis, votre seconde fortune passera par Turin ou Milan. Paris, pour l'instant, c'est fini.

Bien sûr, j'exagérais ; mais je voulais que Terraillon fasse un grand saut et pas simplement un « lifting ». Et puis, pour tout dire, par une amie de Visconti, je connaissais les quatre plus grands designers italiens, ceux de la nouvelle Renaissance.

Paul Terraillon s'était assis de nouveau et consentait à me regarder comme un préparateur du futur plutôt que comme un soixante-huitard.

Par diplomatie, et surtout par conviction, je décidai de changer de registre :

— A votre avis, pourquoi le matin monte-t-on sur un pèse-personne Terraillon ?

— Pour vérifier son poids.

— On est content ?

— On sait la vérité, on se surveille...

Laide, bête et méchante.

— De quel poids s'agit-il ? Du poids idéal, du poids qui inquiète, du poids qui récompense ? Le poids qui fait qu'on a envie de balancer la bascule sous la baignoire parce qu'elle est laide, bête et méchante ? Quel poids ?

— J'en vends 600 000 par an. Je suis numéro un sur le marché français. Les Poids et mesures estiment que mes pèse-personnes sont les plus précis du monde. Et Dieu sait s'ils sont pointilleux. Alors qu'est-ce que vous me racontez ?

Je lui racontai qu'une salle de bains est une salle de rêve et qu'un pèse-personne qui n'est pas beau est une sale réalité. Qu'une salle de bains est un lieu de détente, de renouveau et que découvrir son poids est un cauchemar si on pose ses pieds sur un appareil anguleux, bigleux [1], affreux.

Après cet assaut qui paraissait réaliste - encore qu'un peu drastique - Paul Terraillon me donna mandat pour négocier en Italie au mieux de ses intérêts. Bref, j'avais carte blanche.

Mais comme je ne crois pas au changement pour le changement, non plus qu'à l'esthétique pour la créativité, j'obtins de Paul Terraillon de ne partir en Italie qu'avec une solide étude de motivations.

Je voulais savoir par le menu ce qui se passe dans un corps qui monte sur un pèse-personne. Quelles craintes, quelles attentes, quels conflits ? Car enfin,

1. Il était difficile de lire au travers de la loupe des pèse-personnes.

il y a des êtres qui meurent par anorexie et des boulimiques qui ruinent leur santé pour maigrir. Un pèse-personne est le témoin de ces drames, comme il est aussi l'œil qui encourage et modèle un corps et le sauve de son manque d'amour de lui-même.

Secret professionnel oblige mais, le temps passant, et ma mémoire étant filtrante, voici quelques anecdotes extraites de l'étude des comportements et attitudes.

I. Pour être « aimé », un pèse-personne doit pouvoir être accusé de se tromper

Pourquoi ? Parce que la vodka ressemble à l'eau. Ce fut une des raisons de son succès aux USA. Oui, mais les calories... Oui, mais les petits matins accusent le poids. Il est plus facile d'en vouloir à une aiguille déplacée qu'à une vodka bien glacée.

Attention, la vodka ressemble à de l'eau.

Et puis, il y a des idées reçues qui font que la réception du pèse-personne ne pardonne pas.

Exemples d'idées mal reçues par un pèse-personne impitoyable :

1. « Le plaisir n'a jamais fait de mal à personne. » Peut-être, mais 80 % des amateurs d'avocats ont tort de penser que c'est un hors-d'œuvre qui plaide pour leur minceur... »

Une salade d'avocat ne plaide pas pour la minceur.

2. « Moi je grossis quand j'ai des soucis. La preuve, j'avais un amant en Italie, j'ai mangé des pâtes et j'ai perdu trois kilos en un mois. Les pâtes n'ont jamais fait grossir que les mal-baisées. »

3. « C'est une question d'ossature. Ma mère avait des os très lourds, c'était dans la famille. Même si je ne mange que de la salade, je grossis, même si mon pèse personne me dit le contraire, il n'y a que moi qui le sais, en enfilant ma jupe. »

II. Souvent pèse-personne varie

« Vous montez dessus. Il vous dit 55 kilos. Pas pensable ! Alors vous le bousculez un peu pour que l'aiguille parte du bon côté. Pouf, 56 ! Vous le regardez droit dans le zéro. Vous mettez tout votre poids sur le pied gauche et vous êtes à 54 ! Vous enlevez votre collant, vos bagues et votre slip et en gigotant un peu, c'est gagné : 53 !!!

« J'ai remarqué que j'arrive même à 52 si je jeûne et que je m'appuie doucement sur le bord de la baignoire. Tout ça, c'est dans la tête... »

Autre version du même genre : « Pour moi, ça dépend. Si je m'appuie sur les doigts de pied, le mien me fait perdre un kilo. Si je force sur les talons, je prends 500 grammes ».

« Moi j'en ai deux, un à Lyon, l'autre à Courchevel. Celui de Lyon dit 63, celui du chalet annonce facilement 65. Mais ça dépend du carrelage, j'ai remarqué que si je déplace l'appareil à l'endroit où il y a un carreau qui monte, eh bien, je perds jusqu'à un kilo... »

III. Un pèse-personne du samedi soir

- « Un pèse-personne, c'est la vie privée. J'ai des problèmes de poids et j'estime que ça n'intéresse que moi. Oui, mais le samedi soir, il y a toujours une amie qui demande où sont les wa-wa. Et après, j'ai droit à des conseils du genre " je t'assure que Quiberon c'est épatant... "

« Alors, maintenant, je le planque sous la baignoire parce qu'en plus c'est un truc à vous écorcher un orteil !

- « Les Américaines ont tout compris. J'ai lu que le samedi matin, elles achètent des serviettes de toilette gravées à leurs initiales.

« Pour le standing. Moi je trouve qu'un pèse-personne devrait être beau comme un porte-serviette du samedi soir. »

Les conclusions de l'étude étaient claires : les Terraillon du futur devraient être plutôt ronds, féminins, accueillants comme une moquette, colorés en autant de tons qu'il en faut pour créer une harmonie entre une salle de bains et ses accessoires.

Un pèse-personne, c'est un flic.

Les nouveaux modèles devraient être aussi solides que les anciens. Aussi précis. *Mais la publicité devrait résolument s'abstenir de vanter cette précision puisque toute allusion au caractère infaillible d'un pèse-personne fait de lui un flic qui délivre non pas un procès-verbal mais un procès-signal.*

Paul Terraillon n'en revenait pas : à quoi sert de consacrer une vie à la rigueur, à la précision, si la publicité, conçue pour l'éloge, se voit condamnée au silence pour ce qui est mérite, loyauté, vérité ?

Il fut néanmoins convenu que je partirais pour Milan afin de sélectionner un architecte (en Italie, on ne dit pas « designer ») parmi quatre candidats.

Le choix fut rapide. Une matinée suffit. Marco Zanuso s'imposait : inspiration plus sensible, pas de maniérismes hérités du Bauhaus ou bien de Le Corbusier. *Une superbe anima.*

Je voyais déjà se dessiner un pèse-fortune.

En outre, il lisait le français avec aisance et ne fit qu'une bouchée de l'étude de motivations qu'il découvrait sous mes yeux. Dans les siens, je voyais déjà se dessiner le pèse-fortune de Paul Terraillon.

A la vue du prototype, il fut décidé de réserver cette nouvelle génération d'appareils à des magasins dignes d'eux par leur standing et le niveau de leur clientèle.

Paul Terraillon était heureux comme à Noël un

enfant déballant ses jouets. Mais son psychisme le portait au scepticisme.

— Tout cela, me dit-il, est bien beau, mais combien comptez-vous en vendre et à quel prix ?

Les industriels (pas tous, mais enfin) ont, avec les publicitaires, des comportements contradictoires. En cas d'échec, c'est l'agence qui n'a pas su vendre. En cas de succès, c'est le « marketing-mix » et la valeureuse force de vente qui ont fait tout le travail pendant tout le temps que la publicité ne faisait que du vent.

Il était clair que je devais non seulement fixer les prix de vente au public, mais aussi faire des pronostics de ventes.

Statisticien, je ne l'ai jamais été. Je risquai néanmoins une évaluation : la première année, 100 000 pour la nouvelle gamme et 600 000 pour l'ancienne. Après, on verrait bien...

Ces chiffres convenaient à Paul Terraillon qui me pria de m'isoler avec lui dans son bureau, qui était aussi austère et modeste que la villa était alpestre et grandiose.

Il ressemblait à Georges Carpentier.

— Pierre, restez là. Je vais, devant vous, présenter le projet à mes principaux cadres.

La scène qui suivit, je ne suis pas près de l'oublier. Elle me console encore des couleuvres un peu trop nombreuses qu'on doit parfois avaler dans ce métier.

Paul Terraillon ressemblait à Georges Carpentier au même âge : visage émacié, peu d'affectivité, mâchoires sthéniques, sensibilité cachée. Il prit la parole :

« Voici, messieurs, ce que nous allons produire l'an prochain. Il s'agit d'une nouvelle étape pour l'entreprise. Je profite de cette réunion pour vous présenter Pierre Lemonnier et son équipe à qui nous devons beaucoup dans cette affaire.

« Pierre Lemonnier n'est pas un publicitaire comme les autres. Comme je lui proposai, il y a quelques mois, un budget de 1 500 000 francs pour stimuler notre production actuelle, il refusa de prendre cet argent et me demanda d'attendre un an : le temps de préparer la production et le lancement de la gamme qui est sous vos yeux. En agissant ainsi, Pierre Lemonnier a perdu beaucoup d'argent dans la perspective de nous en faire gagner l'an prochain.

« Pour lui rendre hommage, je vais lui remettre devant vous un chèque de 700 000 francs (1970). »

Comme surpris, abasourdi par ce geste, je donnai des signes de dénégation, Paul Terraillon poursuivit :

— Pierre ! Mettez ce chèque en banque et attendez un an. L'argent fait des petits et une bonne trésorerie vaut mieux que des découverts. Croyez-moi, je sais de quoi je parle.

Conclusion provisoire : si vous connaissez un autre Paul Terraillon dans vos relations, n'hésitez pas à me l'envoyer.

Le lancement fut un triomphe. Les journalistes, que j'avais présentés à Paul Terraillon lors d'un cocktail à Genève, ne tarissaient pas d'éloges.

Le musée d'Art moderne de New York abritait le chef-d'œuvre de Marco Zanuso. Et surtout, surtout, les ventes s'envolaient pour atteindre, presque, le chiffre (100 000 unités) que j'avais supputé.

Les années suivantes ne furent pas moins glorieuses, d'autant que l'exportation prenait du poids dans cette balance.

Vous avez fait de moi un séducteur, et ça, je ne peux plus le supporter.

C'est alors que Paul Terraillon me confia :

— Pierre, je me sens mal à l'aise. Comprenez-moi, j'apprécie d'avoir maintenant une affaire enfin très prospère ; mais, d'un autre côté, ça ne peut plus durer. Mon grand-père était horloger, mon père horloger. Je suis né dans la précision et vous avez fait de moi un séducteur. On n'achète plus mes pèse-personnes pour leur précision horlogère, on les désire pour leur esthétique. Et ça, je ne peux plus le supporter.

J'essayai de l'apaiser, mais ce n'était plus un industriel qui parlait : c'était un grand enfant inconsolable. Je le quittai troublé, mais relativement confiant : le temps calme les chagrins.

Le temps ne calma rien. Quelques mois plus tard, Paul Terraillon engagea un mercenaire du marketing. Je l'avais entrevu à Annemasse. Il débarqua à Paris, dans mon bureau. Très mal à l'aise mais déterminé (je savais qu'il était en contact avec Tragos, un concurrent redoutable, un vendeur-né), il ne savait pas comment délivrer son message.

— Monsieur, je suis venu pour vous dire que si vous ne faites pas de la précision l'argument majeur de notre campagne, vous perdrez le budget.

— Vous avez lu l'étude de motivations ?

— Oui, enfin pas vraiment...

— La recommandation fondamentale est de faire silence sur la précision qui fait l'effet d'un couperet. Je veux bien payer une autre étude, décidez vous-même de l'organisme qui la conduira. Si, après quatre ans de succès, cette étude indique qu'il est temps d'argumenter sur la précision, je m'inclinerai avec plaisir.

— Il n'est pas question de cela. Je suis convaincu que les motivations ne changent pas en trois ou quatre ans. Quant à Paul Terraillon, il ne changera pas non plus !

— Dans ce cas, dites-lui que je renonce à son budget. Tragos, que je connais et qui est un ami comme on peut en avoir dans ce cirque, se fera un plaisir d'axer sa campagne sur la précision.

— J'ai la conviction que si vous appeliez Paul Terraillon par téléphone, tout cela pourrait s'arranger.

— C'est un fils d'horloger... et mon heure n'est plus la sienne.

C'était un horloger et mon heure n'était plus la sienne.

Les dispositions d'esprit de Paul Terraillon étaient telles que, quelques années plus tard, l'entreprise était au tapis. C'est alors que survint Bernard Tapie pour s'emparer d'une affaire imprécise et qui ne pesait plus lourd.

Conclusion : l'idée que c'est l'appât du gain, la propension à la gloire qui font courir les patrons est d'un marxisme désuet. En vérité, beaucoup d'entrepreneurs ne supportent pas qu'un publicitaire puisse être aussi un pygmalion, qui les couvre d'un or qui n'est pas de leur goût. Je les comprends.

XI. Cancer, soumission et motivations

On pourrait penser que les recherches financées par les annonceurs et les publicitaires ont pour finalité de mettre en phase produits, services, communication avec les attentes des consommateurs ; que celles-ci soient inconscientes ou clairement exprimées.

S'adapter aux consommateurs.

Il arrive pourtant, on vient de le voir à propos du « cas Terraillon », qu'une étude indiscutable et indiscutée ne puisse pas surmonter les compulsions répétitives d'un industriel se voulant, pourtant, désireux de s'adapter aux demandes des consommateurs.

Le principal intérêt des études qui décrivent les attitudes et les comportements des usagers est d'apprendre à ne pas ou ne plus les prendre à contre-poil.

Une étude bien conduite peut alerter ; elle peut dire : si vous ne faites plus cela, vous cesserez d'indisposer ; elle peut dire encore : si vous cessez de commettre les mêmes erreurs que vos concurrents, vous prendrez probablement des années d'avance, des années décisives.

Bref, selon moi, une consultation des différents publics n'a de sens que si elle fait gagner des parts de marché, du temps et de l'argent. Mais, entre cet idéal et la réalité, il y a de la place pour des gaspillages et des occasions perdues. C'est ce que va illustrer un souvenir qui m'a marqué.

Cette fois-ci, l'enquête était menée par Gérard Demuth, directeur de la Cofremca, pour le compte du président d'une compagnie d'eaux minérales. Et pas l'une des moindres...

La mission confiée à Gérard Demuth était d'aider une agence de publicité à « repositionner » une de ses eaux face à d'autres eaux mouvantes et menaçantes. Contrexéville, partie de zéro après la Seconde Guerre mondiale, devenait même déferlante avec ses trois raisons : « Un foie, deux reins, trois raisons de boire Contrex. » Évian grimpait vite à 3000 mètres[1] à partir, disaient les mauvaises langues, d'un lac.

Bref, il était temps de réagir. L'état-major du président m'interrogea pour savoir si, compte tenu de ma passion (déjà connue) pour les études éclairantes, je serais d'accord pour piloter le budget de publicité, s'il m'était confié.

Et je dis oui comme une bergère à un roi.

J'avalai ma salive et je dis oui comme une bergère à un roi. Quelques jours plus tard, le président me propose un entretien dans mon bureau, tard le soir. Il est pressé et concis. Il veut me confier son budget sans me mettre en concurrence. Il est renseigné. Il connaît les performances de l'agence. Il n'a que faire que je les illustre. Son budget est de 8 millions de francs (50 millions 1985).

1. « Boire Évian, c'est respirer à 3000 mètres. »

L'heureux dépositaire de ce trésor, ce sera l'agence. A une seule condition : que je tienne compte point par point, scrupuleusement, des conclusions que Gérard Demuth est en train d'élaborer. Promis ? Promis !

Le président va jusqu'à m'annoncer qu'il paiera Gérard Demuth autant qu'il le faudra pour répondre à nos questions et rendre clair pour nous un enseignement très complexe. Il ajoute que je ne pourrai présenter ma solution à son état-major et à lui-même que si, préalablement, son conseiller estime que notre campagne est la traduction fidèle, en langage grand public, de ses prescriptions. Comme on imagine, je souscris à ce projet d'assistance.

L'entretien se termine par une décision qui montrait bien la détermination du président :

— Bien entendu, vous préparez un plan d'achat d'espace et vous alertez dès que possible les médias de façon à avoir les meilleurs emplacements possible.

Il nous mettait en garde contre les déviances.

Et voilà le Paris des médias en train de fêter l'événement ! Nous avions deux mois devant nous. Délai convenable quand on est aidé par un radar. Les plus grands talents de l'agence carburaient à l'eau de source et, le soir, Gérard Demuth corrigeait les copies. Façon de parler : en réalité, il commentait inlassablement les conclusions de son enquête, et nous mettait en garde contre les déviances. Quelles séances de maïeutique !

Les esprits les plus cultivés y perdaient leur Socrate. Le dernier soir, Gérard donna enfin son accord et ce lavage de cerveau qui épuisait l'agence se termina en passant par la Lorraine... mais pas en sabots. Nous avions des ailes. Nous tenions la campagne du siècle. Restait à la vendre.

Le protocole voulait que l'état-major du président entérinât nos projets avant que ceux-ci ne fussent présentés au comité qu'il dirigeait, plutôt - on va le voir - qu'il ne l'animait. Ainsi fut fait.

L'ambiance était lourde.

L'intromission officielle eut lieu au siège social. Tapis vert et visages pâles. Le président était en bout de table, moi à sa droite et Gérard près de moi. En face, tous les directeurs dont certains avaient juré leur soutien en cas d'anicroche. L'ambiance était lourde, mais la perspective de partir le soir même à Megève me gonflait les poumons.

Après quelques mots d'accueil, le président me céda la parole. Modeste et soumis, je déclarai que, conformément à sa demande, je venais ici pour que Demuth rappelle les dix principales conclusions de son rapport. A charge pour moi, aussitôt après, de présenter point par point, en quoi, et par quoi, nos translations créatives étaient fidèles. A Gérard de confirmer ou d'infirmer. Au groupe d'apprécier.

Le rôle d'un directeur d'agence de publicité n'est pas de concevoir seul toutes les productions. Mais il se trouvait que j'étais l'auteur du thème de la campagne retenue par Gérard Demuth. Je possédais donc très bien mon dossier.

Demuth rappelle alors que sa recommandation principale est d'en finir avec un slogan qui, selon lui, était trop souvent perçu par référence aux *cellules cancéreuses.* J'avoue que la première fois qu'il me révéla cette connotation, je lui demandai si ce n'était pas lui qui devait être emporté dans un fourgon cellulaire. Après examen approfondi, il était clair que Gérard avait recueilli de bonnes raisons à cette conclusion déconcertante.

Voilà donc Gérard parti dans son préambule que connaissaient déjà le président et l'état-major. Acquiescements.

Et mon tour arrive. Je présente une annonce révolutionnaire pour l'époque, mais très, très actuelle en 1985, puisque la thématique en était celle qui prédomine depuis 1980.

L'illustration représentait un père d'une quarantaine d'années, un peu enveloppé, trottinant derrière sa fille à vélo le long du lac du bois de Boulogne. L'accroche - c'est-à-dire le titre - procédait, comme dit Demuth, par « amenuisement de sens ».

Sous la photo reportage, ces simples mots : « *Les petits riens qui font du bien* ».

Lettrine obligatoire. Le corps du texte expliquait, en peu de mots, qu'être en forme, à son poids d'équilibre, ne tient qu'à des petits riens. Courir après l'autobus, grimper quelques marches au lieu de prendre l'ascenseur, forcer un peu moins sur le pain, le vin... boire entre les repas, et sortir le dimanche pour faire le tour du lac.

Le président déclara : « Messieurs ? Tour de table ». L'état-major se mouille, surtout le directeur de la publicité et celui du marketing. J'entendais des murmures : « Exactement. Parfait. Absolument. Absolument ça. Félicitations. Nous n'en attendions pas moins de vous ».

Je me tourne vers le président, jusqu'ici silencieux, pour lui signifier, sans un mot, que j'attendais son analyse.

— En vérité, excellent travail. Grande pertinence. Je me demande simplement si nous avons bien raison d'éliminer un slogan sur lequel nous avons investi des milliards.

Ma chaise semblait un toboggan.

Ma chaise semblait un toboggan. Je glissais, je glissais, comptant sur Gérard pour me remonter. Gérard assommé (ou diplomate ?) semblait incapable « d'en placer une ».

Abandonné aux regards décontenancés de l'état-major, je trouvai la ressource d'adresser quelques mots au président.

— J'entends bien votre propos. Mais il était convenu entre nous il y a deux mois et encore ici, il y a quelques minutes, que l'agence devait scrupuleusement s'en tenir aux conclusions de l'enquête. Or, sa première conclusion, la plus importante en négatif, est que *cette eau ne doit pas « renvoyer au cancer »*. Donc suppression du slogan.

Pas gêné par la contradiction, le président me rétorqua :

— J'entends bien moi aussi, mais quelque chose me dit que ce slogan que j'avais trouvé dans mon bain *(sic)* pourrait encore trouver sa place dans une petite base-line, là, tout près de la bouteille qui est en pack-shot...

J'étais au bord de l'Ohio.

Là, comme l'a dit plus tard Serge Gainsbourg, j'étais au bord « de l'eau, aïe, oh ! », complètement à la dérive.

Le président leva la séance de ce vendredi midi inoubliable en s'adressant à ses collaborateurs.

— Messieurs, merci, Rendez-vous à la Source demain matin. Pas question de décider aujourd'hui.

La tête de l'état-major ! Joyeux week-end ! Le mien m'attendait au mont d'Arbois. Le samedi soir, coup de téléphone dans ma chambre.

— Pierre ?

— Oui...

— Nous avons le budget !

Je me méfiais de cette voix. C'était celle d'un collaborateur de l'agence ; je venais de l'engager pour ce qu'il était : un diplomate, le genre d'homme qu'on n'avait jamais vu chez Impact. Mais je me disais que les annonceurs ne méritent pas toujours qu'on prenne leurs intérêts plus au sérieux qu'ils ne les prennent eux-mêmes. Alors, pourquoi pas une échine souple ? J'avais beau être allongé dans mon lit, mon instinct de survie ne sommeillait pas pour autant. Le « Quai-d'Orsay-Man » continuait :

— Pierre, c'est gagné, le président demande simplement que vous ajoutiez, en bas à droite, son slogan qui permettrait de capitaliser.

— Ça capitalise, le cancer ? Les slogans qui prolifèrent comme des cellules anarchiques, ça capitalise ou ça détruit une marque ?

— C'est-à-dire qu'il y tient tellement que c'est ça ou rien...

— Eh bien, lundi, vous lui direz de ma part que je ne bois pas de cette eau-là, et que je bois dans mon verre. Et puis que je ne peux pas prendre de l'argent autoritariste : quand on commande une étude, quand on exige de moi que je m'y soumette, je suis partant. Quand on jette au panier une étude qui préfigure l'avenir, je trouve qu'on se comporte comme un prince capricieux. J'ai horreur de la malhonnêteté intellectuelle chez ceux qui prêchent le respect des faits.

Comme un prince capricieux.

Le diplomate se répandit en objurgations d'une lâcheté écœurante. Je raccrochai sec. Mais le lundi, nouvel appel du négociateur.

— Pierre ? C'est formidable ! Le président comprend. Savoir tenir un cap, il apprécie. Il rend hommage à votre cohérence, à votre consistance. C'est tellement vrai qu'il comprend que vous renonciez au budget, mais il vous accorde 4 millions pour d'autres produits très vivants...

— Vous direz au président que je n'ai jamais douté de son élégance : elle saute aux yeux. Mais si on ne tient pas le cap avec le plus grand des vaisseaux, on se brise avec les dériveurs. Dites au président que nous téléphonerons aux médias pour annuler nos options. Je renonce à tout.

De retour à Paris, je découvre une agence qui ne savait plus sur quel pied danser. Le diplomate m'avait fait passer pour un parano. Je devais des explications. Je délivrais des prédictions : « Une entreprise qui a changé si souvent d'agence dans le passé en changera encore, et de plus en plus fréquemment dans l'avenir. Accepter le budget dans ces conditions, certes honorables, serait ne pas tenir compte des avertissements recueillis par Gérard Demuth. Ce serait reconduire des erreurs qui condamneraient l'entreprise à se faire doubler par ses concurrents. Si nous prenions le budget, nous le perdrions rapidement car ceux qui ne savent pas changer par bonne foi, changent d'agence par besoin de boucs émissaires. Et puis une agence qui reçoit 8 millions ne peut pas s'empêcher de partir en enflure. C'est votre job qui serait en danger si nous partions en spirale ».

« Non comme à des princes, mais comme à des gens dignes de l'être. » (Tite-Live : « Discours sur les Décades ».)

Je ne croyais pas si bien dire ; d'année en année, le budget sauta d'une agence à l'autre, provoquant à chacune de ses foucades de sérieuses et parfois meurtrières débandades.

Mieux vaut se saborder que d'être éliminé. Ma dérobade fut interprétée par certains comme le signe d'un caractère, c'est-à-dire d'un mauvais. Par d'autres comme un luxe enviable : en vérité, je préfère d'autres formes de sybaritisme. Ce qui est certain, c'est que je gagnais en sincérité ce que je perdais en bénéfices provisoires.

Il est nu et il est minuit.

Conclusion : certains annonceurs se soûlent d'études et de tests mais je commence à penser que ceux qui les lisent et en tirent de précieuses indications stratégiques et tactiques ne sont pas ceux qui donnent le feu vert. Un mal qui, partout dans le monde, tue les entreprises : *ceux qui savent étudient, ceux qui ne savent pas tranchent.* Les systèmes hiérarchiques font que les informations fondamentales remontent difficilement vers le top-management. Et quand elles parviennent vers lui, le top-man, paralysé par le centralisme qu'il a tant souhaité, découvre qu'il est nu et qu'il est minuit.

XII. Passer au pifomètre

Voici maintenant l'histoire d'un homme qui, comme B. B. [1], se vantait (vrai ou faux) d'avoir à peine un certificat d'études. C'est dire qu'il n'était pas homme à financer des études de marché.

Son cas rend modeste. Son nom ne l'était guère : Dumas. Mais pourquoi pas ? La France compte autant de Dumas que de Dupont. Simplement, ses parents l'avaient baptisé Alexandre. Le tout était dur à porter. Il porta le tout très haut par des voies inédites.

Si vous n'êtes pas opposé à devenir milliardaire.

Si vous avez le moral à zéro, si une perspective de guerre mondiale vous flanque le bourdon, si vous êtes jeune, sans emploi, si les études ne sont pas votre trip, si vous ne croyez pas au marketing théorique, mais que vous ne seriez pas opposé à devenir milliardaire, lisez ce conte.

J'ai connu Alexandre Dumas vers la fin des années 50, peut-être en 1957. Il était le président-fondateur des autoradios Arel et moi j'étais le copywriter vedette de l'agence Provente.

1. Marcel Bleustein-Blanchet, fondateur de Publicis.

Mon président, Gérard Ryckelinck, me demanda d'analyser Arel, de réorganiser la force de vente sous prétexte que, chez Philips, j'avais fait de bonnes performances dans la vente des autoradios. Sur le terrain, Arel avait été mon ennemi le plus redoutable en raison de ses souplesses commerciales.

Alexandre Dumas savait pourquoi je lui rendais visite : il venait de céder son affaire à la CSF, un géant de l'électronique dont l'un des chercheurs - Robert Warneck - avait contribué à sauver la France en inventant le radar qui permit aux Anglais de dissuader la Luftwaffe de voler un peu trop au-dessus de Londres.

La CSF était une grande dame qui ne consentait à vendre ses découvertes qu'aux ministres de la Défense nationale, à moins que ce ne soit à des généraux.

La CSF ne comprenait et ne voulait rien comprendre au vulgum pecus. Mais, vers 1956, la CSF ne sachant pas quoi faire de sa prospérité, et se souvenant que l'accord de non-agression qu'elle avait signé avec le groupe Philips venait à son terme, décida que le temps était venu de faire ce qui était interdit jusqu'alors : un caprice, entrer dans le grand public par le rachat des autoradios Arel.

Je venais vers Alexandre Dumas avec pour mission de lui expliquer qu'il ne connaissait rien au marketing et qu'il fallait mettre bon ordre à tout cela en commençant par tester ses vendeurs, lesquels ne pouvaient être que des tarés ou des attardés. Bien entendu, mon intention n'était pas de suivre ces consignes mais simplement de voir qui était ce fameux Alexandre et de me faire une idée sur la meilleure façon de lui être utile.

Le charme de Maurice Chevalier...

Alexandre devait friser le mètre quatre-vingt-dix. Costume prince-de-galles et charme de Maurice Chevalier. Il me reçoit comme si j'étais son fils.

— Écoutez, cher ami, la CSF n'a qu'une impatience : me virer. J'en ai pour un an. Alors qu'attendez-vous de moi avant que je ne vide les lieux ?

— C'est-à-dire que je voudrais votre appréciation sur votre force de vente. J'ai moi-même baroudé pour Philips et j'ai eu 32 vendeurs...

— Je sais, je sais. Alors, je vais vous dire les hommes qu'il faut garder ; les autres, vous pouvez les envoyer dans un séminaire. Mais ne touchez pas aux bons.

Je promis de sauver les lions et de voir si je pourrais stimuler les veaux marins. Ce que je fis, ayant carte blanche de la CSF.

La vente en porte-à-porte, la pratique des hommes du terrain faisaient que l'argot ne m'était pas tout à fait inconnu. Alexandre Dumas, quand il le voulait, n'était pas mauvais non plus. Alors de temps en temps, ça fusait. Dans le genre Fernand Raynaud.

Je ne me lassais pas de l'entendre et lui de se confier, sûr qu'il était, au jugé, que je ne le trahirais pas auprès de la CSF.

Il descendait de voiture et les flammes montaient.

Alors il parlait le langage que j'aime : celui des hommes plus américains qu'américains, celui des John Wayne plus vrais que nature. Il racontait comment, vendeur d'extincteurs, il déposait sa Cadillac devant la porte d'un garage de bon aloi. Comment il mettait le feu à son moteur. Comment il descendait de voiture tandis que les flammes montaient. Clic-clic, un coup d'extincteur, et tout rentrait dans l'ordre : les badauds agglutinés n'en revenaient pas.

Alexandre Dumas de leur fournir à chacun de quoi prévenir...

Le garagiste, indigné de voir vendre sous son nez ce qu'il avait déjà en stock, demandait une explication au « prince-de-galles ».

— Cher ami, je vendais pour votre compte.

On devine la suite : le garagiste promettait de prescrire et de poser des extincteurs.

J'admire les artistes qui atteignent ce niveau et rien n'est plus beau qu'un camelot qui parvient à faire saliver des passants qui n'ont pas faim.

Sans doute fatigué de jouer avec le feu, Alexandre Dumas passa chez Sonabel, un concurrent direct du fameux Klaxon qui est à l'injonction sonore ce que fut Frigidaire à la réfrigération.

D'après Alexandre Dumas, les Sonabel se vendaient comme des tabliers à une génisse. C'est alors que, lisant par je ne sais quel hasard le Journal officiel, Alexandre découvrit que *« tout engin circulant sur rails devra désormais être équipé d'un avertisseur sonore »*. Il est clair que le législateur des années 30 s'en prenait ici aux michelines qui n'avaient pas le cri de leur vitesse. Vous ou moi, nous nous serions tournés vers la SNCF. Alexandre Dumas se tourna vers toutes les villes de France qui utilisaient des tramways à la clochette guillerette mais parfaitement inaudible. Les maires tombaient devant le décret et les commandes pleuvaient. Comme Alexandre était à la commission, la légende dit qu'il ne tarda pas à gagner plus que son patron.

La guerre de 1940 survenant, Alexandre Dumas en déduit qu'il est temps de se reconvertir. Il a désormais l'argent pour se mettre à son compte.

Quoi mettre sur le marché qui serait un USP[1] ?

Les voitures ne sont plus alimentées par de l'essence mais par des gazogènes ce qui, paraît-il, pompe les batteries.

Alexandre Dumas imagine alors un chargeur de batteries signé Arel. Succès immédiat. Fin de la guerre. Alexandre Dumas se dit que le temps des chargeurs est fini. Alors où est le marché ? Le marché sera aux autoradios. Il lance l'autoradio Arel et refait un succès sonore.

En 1956, il estime que le marché n'est pas ce qu'il est aux USA. C'est alors que la CSF lui propose de racheter son affaire. Pourquoi pas ?

Un petit remède vaut mieux qu'une grande promesse.

Oui, mais quoi faire des capitaux si bien acquis ? Nous en parlons lui et moi. Qu'est-ce qui promet et qui tient ? Où est l'avenir à court terme ? Séances de brain-storming. Nous tombons d'accord sur un point : il ne devra pas se frotter à l'industrie lourde car ses disponibilités sont légères. Alors quoi ? Nous brûlons lorsque j'avance avec certitude qu'un petit remède vaut mieux qu'une grande promesse abstraite : si vous crevez à vélo, il vous faut une rustine. Vrai ou pas ?

Alexandre Dumas me demande alors ce que je penserais de rustines pour les toitures crevées et les terrasses, les murs et les sols poreux.

Ainsi naquit « Rubson pour en finir avec l'humidité ». Aujourd'hui, Rubson est numéro un en France pour la lutte contre tout ce qui fuit : un lavabo comme des milliers de mètres carrés de toitures d'usines, de terrasses, de murs salpêtrés, etc.

Pour faire plus sérieux, nous décidâmes que la société porterait le nom de Rubson-France.

1. « Unique Selling Proposition » : proposition unique de vente

Alexandre Dumas n'avait pas lu Roland Barthes. Il ne savait absolument pas que sémantique, sémiotique ou sémiologie sont très utiles pour un copywriter et tout autant pour un art-director.

Mais il comprenait, du premier coup, que si l'on écrit Rubson-France, cela signifie que Rubson est probablement né à New York ; et que cela peut induire aussi que Rubson, né en France, a l'intention, sans coup férir, de faire des petits : Rubson and Sons ! Ce qui arriva... Alexandre Dumas ne savait pas ce qu'est un starch, un USP, un caption, un billboard, un target group, un GRP, une headline.

Il ne jurait que par la paire de ciseaux.

Mais si je prononçais le mot *couponing,* son anglais se réveillait et je n'eus pas de mal à ce que lui et H. Naudin, son directeur général, ne jurent plus que par la paire de ciseaux qui permet à un lecteur intéressé de découper, en bas à droite d'une annonce, le coupon qui lui permettra d'en savoir plus sur ce que Rubson peut pour son problème. Au début de l'aventure, Rubson ne proposait que deux ou trois produits. Mais le laboratoire inventait tous les ans des produits de plus en plus différenciés, de plus en plus spécifiques.

Il devenait donc de plus en plus difficile pour l'agence Impact de décrire, même dans des doubles pages, une quinzaine de solutions à cent problèmes.

Ce n'est pas la presse, la radio ou la télévision qui permettaient de démontrer toutes les performances de Rubson. Seules des brochures très *adaptées à chaque lecteur, permettaient de transformer une curiosité, un intérêt, un besoin en livraison d'un seau de Rubson.*

Le transfert d'une lecture à une commande passe

par une technique : l'art de faire découper des coupons-réponses.

Le couponing présente quelques autres intérêts qui ne sont pas négligeables, mais dont il ne faut pourtant pas faire une religion.

1. Le couponing permet de comparer le courrier émanant des lecteurs d'un magazine au courrier d'un autre magazine. Ainsi améliore-t-on le plan média.

2. Un courrier volumineux n'est pas le seul critère d'une bonne sélectivité des médias. La qualité des lettres, un ton, l'importance des dégâts à réparer sont plus essentiels encore pour Rubson. Ce n'est pas être cynique mais simplement réaliste que de préférer une lettre interrogeant à propos des toits transformés en passoire d'un groupe de dix usines à des lettres isolées, relatives à l'humidité d'un pavillon de chasse.

Certes, Rubson est organisé pour répondre avec précision à chaque cas, à chaque demande : mais enfin, investir en publicité, c'est procéder par priorité...

Les lettres fourmillent de vibrations.

3. Toutes les lettres envoient des signes. Tantôt de détresse, tantôt de satisfaction. Les lettres fourmillent de vibrations : Naudin et Dumas savaient les percevoir. C'est ainsi qu'on donne à un laboratoire de recherches le sens du concret.

4. Les grossistes, les marchands de matériaux s'habituent vite au succès d'un produit comme Rubson. Au lieu de voler au secours de la victoire, ils ne tardent pas à écouter le chant des concurrents : je veux dire le champ où poussent les prix cassés. Ces champs-là s'arrosent... Les coupons-réponses permettent de rappeler à l'ensemble de la force de vente - vendeurs, revendeurs - que *Rubson est demandé* si ce n'est exigé. Après cela on peut négocier.

5. Pour un industriel, l'ennui des coupons c'est que, souvent, ce sont des gens qui s'ennuient qui les découpent : il y a plus de gens qu'on croit qui sont contents de voir le facteur parce qu'ils ont des cauchemars et qui, le matin, savent qu'ils ne peuvent pas compter sur leur famille pour leur adresser des cartes postales !

6. Pour les agences, les coupons présentent trois inconvénients :

- S'ils n'arrivent pas, c'est l'aveu d'impuissance, état qui ne saurait durer.
- Les annonces qui vendent les wagons de Rubson ne sont jamais celles qui remportent des oscars. Alors, à force de gagner des parts de marché, une agence risque de perdre un client : parce que toujours du bonheur, ce n'est plus du bonheur. Un peu de créativité, s'il vous plaît ! Hélas, ce qui vend est rarement « créatif ». Confiance, remède crédible et m'as-tu-vu font toujours mauvais ménage. *En publicité, créer, c'est créer des prospérités.*

Un peu de créativité, s'il vous plaît !

- Pour obtenir des coupons, les copy-writers et les art-directors doivent parler à la France profonde. Or la publicité attire, de préférence, des créatifs élevés dans la France superficielle. Le choc est rude !

J'ai trouvé trois copy-writers sur douze qui n'ont pas peur du bon à découper. L'un d'eux s'appelle Claude. Comme Claude Hopkins...

C'est lui qui a pris ma succession, comme rédacteur-concepteur, pour Rubson.

7. Pour un même magazine, un texte très documenté, recueilli sur le terrain, en interrogeant les artisans, vend jusqu'à 15 fois plus qu'une copie née d'un cérébral doué qui n'a jamais mis les pieds sur

un chantier. Au premier coup d'œil, Alexandre Dumas savait dire si un texte était né en éprouvette ou sur un chantier. Je n'ai pas tardé à muscler mes textes. Claude Bouchonnet ne fait pas autrement : il fait mieux car il va sur le terrain avec beaucoup plus de plaisir.

Alexandre Dumas savait dire si un texte était né en éprouvette ou sur un chantier.

8. Naudin et Dumas père n'ont jamais tellement digéré les petites factures des grands photographes. Jean Dumas, son fils, serait plutôt plus ouvert ; mais je ne l'incite pas trop à faire des folies car les coupons-réponses m'ont appris qu'une bonne photo-amateur mais vraie, prise au bon moment (quand on applique Rubson), rapporte plus qu'une photo-star prise dans des conditions reconstituées.

Sur les chantiers, l'esthétisme ne paie pas car les maladresses des vrais ouvriers parlent plus que les mises en scène des stylistes. Lorsqu'il est trop tard pour « saisir » un chantier, nous préférons faire appel à des illustrateurs hyper-réalistes.

Conclusion : je souhaite à des fils de ressembler à Jean Dumas qui a eu l'intelligence de préserver les recettes qui avaient si bien réussi à son père. Son aîné, Pierre Dumas, est président d'une des plus grandes écoles françaises. Je raconterai notre aventure plus tard ; elle n'est pas sans rapport avec mai 1968.

Note. On aura remarqué que, relatant la prodigieuse carrière d'Alexandre Dumas, je n'ai pas fait la moindre allusion à la moindre étude de marché. S'il en a financé une, il ne me l'a jamais dit... Seulement voilà, tout le monde, beaucoup sans faut, n'est pas Alexandre.

XIII. Vu, lu, cru

Dire « qui lira ça ? », c'est renoncer à vendre.

Les premières annonces que j'ai conçues pour Rubson comportaient plus de 400 mots ; ce qui, rapporté à la course à pied, n'est ni un sprint ni un marathon, mais déjà une sorte de demi-fond.

A cette époque (vers 1960), tous les annonceurs réagissaient de la même façon.

— Pierre, c'est très convaincant. Mais qui lira cela ? Les gens ne veulent plus lire.

En Italie, ce genre de doute prenait tout net la forme d'une certitude.

— Pierre, il faut vous mettre dans la tête que nous ne sommes pas en France. Ici, les gens *ne savent pas lire !* Ici, pas de longue copie : pour eux, un texte de plus de dix lignes, c'est un étouffe-chrétien !

Je ne me suis jamais laissé impressionner par ce genre de mépris par a priori. Quant à Alexandre Dumas, il n'a jamais été effleuré par le « mais-qui-lira-ça ? ». D'instinct, il sentait si un texte embarquait ou pas ; son flair lui faisait rejeter les phrases floues ou bla-bla-bla. Il devinait les textes et les illustrations qui procureraient des coupons donc, en fin de course, des commandes.

C'est à ce don qu'il a dû de faire sa dernière fortune avec Rubson ; c'est en tirant les leçons de son succès que son fils Jean doit d'être allé plus loin que son ouvreur de père.

Gérard Tremblé, président de Lemonnier y Tremblé à Madrid.

En Espagne - où l'opinion largement répandue est que personne ne lit la publicité -, mon associé, Gérard Tremblé, ne cesse depuis dix ans d'apporter la preuve qu'une annonce est lue si le titre est un hameçon qui fait absorber un texte honnête et stimulant.

Les Espagnols découpent plus de coupons que les Français pour les annonces qu'il conçoit pour Rubson. Et pourtant, le budget de publicité dont il dispose est dix fois inférieur au mien !

En 1984, Volvo (matériel de travaux publics) a augmenté de 21 % sa part du marché espagnol par des annonces purement rédactionnelles... Bravo, Gérard !

Dans le secteur des assurances multirisques, la compagnie Ocaso est devenue leader en quatre ans. Comment ? Par des annonces 100 % rédactionnelles adaptées à 49 quotidiens. Quel travail d'adéquation aux différentes régions espagnoles. Mais quelle victoire !

Les rédacteurs qui font lire se comptent sur les doigts des deux mains.

En Belgique, en Espagne, en France, les scores de lecture d'un texte long dépendent uniquement du talent du concepteur. A la question mais qui lira ? je réponds : ceux qui en auront envie. Ils sont des dizaines de milliers, mais les rédacteurs qui font lire se comptent sur les doigts des deux mains.

Le propre d'un coupon c'est d'être placé - j'allais écrire posté - à la fin d'un texte long. Pour arriver jusqu'à lui, il faut qu'un texte ardent inspire confiance et désir d'agir : cela n'est pas possible avec un texte court du genre fais-le-puisque-je-te-le-dis !

En 1955, Aubanel, éditeur à Avignon, m'a fait rire avec ses annonces-fleuves racontant comment, par « la méthode Borg[1] », on peut développer sa mémoire et réussir dans la vie. En 1960, je ne riais plus du tout car un de mes copy-writers, qui le connaissait bien, me révéla que les facteurs d'Avignon croulaient sous le poids des coupons-réponses.

En 1982, Aubanel débarqua dans mon bureau et me tint un discours qui vaut son pesant d'or (ou de coupons, mais c'est la même chose).

Ce ne sont pas des débiles qui découpent les coupons-réponses.

D'abord je découvris, documents à l'appui, que les coupons Aubanel ne sont pas, comme je le croyais, découpés par des attardés mentaux. Des hommes célèbres, des chercheurs, des étudiants qui triomphent au Concours général ou dans les grandes écoles ne se contentent pas de prendre une paire de ciseaux comme le ferait une ménagère esseulée. Ils adressent à Aubanel des lettres de gratitude. Pas évident. Alors, avant de rire...

Aubanel me fit des révélations émouvantes à tel point que je me demandai s'il ne me prenait pas pour son « psy ». Non, simplement l'équilibre de sa maison d'édition (autrefois celle des papes) ne se maintient que par la qualité des annonces qu'il confie aux magazines et *jamais aux quotidiens*. Pourquoi ? Parce qu'un journal du soir ou du matin meurt le jour même. Or on ne prend pas la déci-

1. Rien à voir avec le tennis...

sion d'entreprendre une croisière Paquet, d'acheter une maison ou un cours par correspondance en se charbonnant les doigts et la tête.

C'est son père qui, vers 1930, avait écrit la première annonce dont le titre était : *« Curieuse expérience dans un rapide »* ou jusqu'où peut-on reculer les limites de la mémoire ?

Vous riez, vous aussi ? Oui, mais cinquante ans après, dans les années 1980, c'était encore cette annonce qui faisait le meilleur score.

Aubanel fils me confia qu'il est pénible, à quarante ans, de devoir à un père décédé un succès qui passe encore par lui. Ce n'est pas que le fils Aubanel soit de la race des endormis : il a fait concevoir par les plus grands talents de Paris et de Navarre (y compris l'écrivain qui porte ce nom...) *189 annonces.* Toutes passèrent à l'épreuve du « split-run » qui consiste à confier à un magazine qui tire à un million d'exemplaires une annonce du père qui sera limitée à 500 000 unités et une annonce du fils également à 500 000.

Une grande annonce, c'est une annonce qui ne mollit pas au fil des années.

Sur 189 annonces, seulement cinq parvinrent à surpasser celle conçue par le père. Mais elles s'épuisaient vite, trop vite. Alors qu'une « grande annonce », c'est une annonce qui ne mollit pas au fil des années : parce que les ressorts des hommes et des femmes ne changent pas en cinquante ans, comme on le croit quand on est copy-writer débutant et qu'on n'a jamais combattu contre un Aubanel de génie.

Pourquoi Aubanel junior venait-il me rendre visite ? Parce qu'il observait l'agence Impact depuis vingt ans et que nos annonces avec coupons continuaient à paraître dans les grands magazines.

C'était donc la preuve que nous savions faire découper ; car personne ne laisse durablement diffuser un texte qui ne rapporte pas des coupons. Aubanel fut clair, net, seigneur. Cela m'étonna car les hommes de la vente par correspondance sont plutôt avaricieux.

— Je vous propose 300 000 francs d'honoraires si vous m'écrivez deux annonces qui rapportent 20 % de plus que les 189 qui ont circulé jusqu'ici.

Les facteurs d'Avignon.

Je signai l'accord en tremblant car j'ai le plus grand respect pour l'exercice qui consiste à lancer 189 bouteilles à la mer. C'est un art tout de modestie, mais qui vous ruine impitoyablement si les bouteilles ne trouvent pas de nageurs. Crainte d'échouer ou simplement surcharge de travail réelle, je fis appel à Guy Gentilhomme, un sacré gaillard dans l'art de ne pas lancer le bouchon trop loin. Guy Gentilhomme est beaucoup plus qu'une star des mots. C'est avec lui que je lançai Canon, Akaï, la Fnac... et d'autres.

Aubanel en savait plus qu'il ne l'avouait sur la façon de mettre une agence en confiance : il nous accorda 3, 4, 6 mois pour produire « l'annonce du siècle » : on ne fait rien de grand dans la hâte, l'angoisse ou la menace.

Le texte créé par Guy Gentilhomme déclencha 25 % de plus que chacune des 189 autres publiées en plus de cinquante ans ! Bravo Guy !

Cette annonce et une autre de la même veine continuent leur circuit, et les facteurs d'Avignon en savent quelque chose. Aubanel aussi : 2 % de coupons en plus le réjouissent ; 25 % le comblent. Mais qui sait cela ? Aubanel n'intéresse personne dans la communauté publicitaire.

En dehors du comptage des coupons, il existe quantité de moyens de mesurer l'impact d'une annonce. Le plus célèbre (ce qui ne veut pas dire le plus fiable) est un dérivé de la méthode Starch (USA). Son homologue français adopte la même méthodologie. En bref, il s'agit, en interrogeant environ deux cents personnes qui peuvent prouver qu'elles ont lu un magazine, de déterminer *combien,* aidées par la citation de quelques marques présentes dans ce magazine, se souviennent les avoir *vues et lues.*

J'ai beaucoup utilisé la méthode vu et lu dans les années 1960 et 1970 : je voulais savoir s'il y avait corrélation entre les enseignements qualitatifs et quantitatifs.

L'inconvénient de ce type d'enquêtes, c'est qu'elles sont menées bon train et que leur objet est limité : qui a *vu,* qui a *lu.* Mais pas qui a *cru.* Or ce qui est vu et lu n'a guère d'intérêt si le lu n'enclenche ni confiance ni désir d'achat. L'autre inconvénient est qu'il y a une majorité d'annonces où il n'y a rien à lire et tout à voir.

Qui aime les chocs ?

A ce compte-là, ce sont les visuels-choc qui l'emportent. Mais qui aime les chocs ? A ce jeu-là, ce sont les textes de deux lignes qui sortent vainqueurs parce qu'il est plus facile de retenir « la moutarde des reines, la reine des moutardes » qu'une page entière de recettes « inoubliables » qui seront classées et réalisées toute une vie par les utilisatrices d'une cocotte ou d'un mixer. J'accuse ces tests sommaires de tromper certains annonceurs enclins à penser qu'un texte long se mémorise moins qu'un texte court. C'est, parfois, vrai. Mais, généralement, un texte long opère par des systèmes complexes qui conduisent vers l'acte d'achat. Alors qu'un texte court, indigent, n'aboutit qu'à accélérer le souvenir précis mais pauvre.

Ne pas confondre notoriété pure et contenu de notoriété : ce sont les contenus qui façonnent les facettes d'une image de marque ample, généreuse, durable.

Il arrive qu'une annonce soit vendeuse par la méthode vite et bien. Mais souvent, comme en amour, le vite c'est le vide.

Quoi qu'il en soit, Claude Bouchonnet a battu deux fois le record de France du vu et lu.

La première fois, il s'agissait de chaussures de sécurité : un marché dominé par la marque Jallatte, peu connue du grand public mais très préconisée par les comités d'entreprise, les syndicats.

Le titre était dramatique : « 600 pieds mutilés chaque jour en France ». Le *« vu »* atteint *73* dans *l'Usine Nouvelle*. Le *« lu » 63*

Le visuel était pur : sur fond flou de chantier, gros plan sur un pied qui s'apprête à se faire enfoncer par un clou tordu. Il s'agissait d'une double page en noir et blanc. 1 200 mots !

Le deuxième triomphe est récent, il s'agissait d'un magnétoscope portable, signé Sony. *Vu : 80. Lu : 46.*

Tout le temps que j'ai eu recours à la méthode Etmar, j'ai noté que l'agence n'avait pas toujours le meilleur score pour *vu; mais la différence entre vu et lu était la plus mince.*

Or si le texte est long et convaincant, mieux vaut avoir :
Vu : 80. Lu : 40 que Vu : 100. Lu : 6.

En réalité, on le verra plus tard, tout dépend du produit et de son degré d'implication. Un parfum peut se réjouir d'avoir 35 et 5, car c'est le look qui compte quand on n'a rien à dire. Pour un bulldozer ou pour Rubson, mieux vaut un texte très dense et obtenir 35 et 33.

Très peu de publicitaires sont conscients de l'importance de ce qui est pourtant une évidence : *à quoi sert d'être vu et lu si le vu n'est rien qu'une farce ou si le lu n'est pas cru. Et, surtout introjecté, c'est-à-dire avalé non pas tout cru mais bien digéré.*

Si la publicité ne remplit nulle part au monde sa principale mission qui est de faire préférer, c'est que trop d'annonceurs ne croient pas assez en leurs produits ; soit parce qu'ils les jugent trop faibles, trop vieux, soit parce qu'ils vivent avec et n'ont même plus envie de « faire avec », ce qui est presque toujours possible.

Pourtant, d'eux-mêmes, ils demandent à leurs agences d'égayer tout cela. Ayant peur d'être des ringards aux approches de la quarantaine, ils accusent leurs agences d'être rincées si elles ne font pas les pieds au mur. Il se trouve que nous sommes tous coupables, nous publicitaires, de marcher sur les mains, surtout quand nous perdons la tête en pensant à un gros chèque. Personnellement, même à minuit, après un bon dîner, je peux traverser une rue à la force du poignet. Mais je réserve cet exercice à mes amis. Avec les annonceurs, jamais.

Les meilleurs humoristes sont les Anglais. Les plus mauvais sont les Allemands : complètement nuls. Les Français ne sont pas mauvais du tout, ils progressent avec finesse. Les Italiens, si éblouissants lorsqu'il s'agit de créer des styles, des modes, sont de piètres clowns.

Claude Hopkins, qui détestait les plaisantins de la plume, a déclaré sur un ton définitif : « Qui achète aux clowns ? Personne ! ». Je crois qu'il exagérait et ne manquent pas, à l'heure actuelle, les agences qui savent vendre par l'humour. Là encore, tout dépend du produit et des circonstances : en période de crise, il ne fait pas bon proposer une R 14 (très bonne voiture mal comprise) en la surnommant *« la Poire »* sous prétexte qu'elle en avait le profil.

Qui a envie qu'on le prenne pour une pomme ?

Qui, dans la perspective d'acquérir une R 14, avait envie qu'on le prenne pour une pomme ?

XIV. D'un cerveau à l'autre

Les bœufs marchent par deux, comme les vers classiques. Nous aussi : nous avons deux cerveaux qui se combinent ; tantôt l'un tire à droite, tantôt l'autre tire à gauche. Notre cerveau gauche préfère la logique, le rationnel, le détail, l'analyse, l'attendu, les preuves, les chiffres. Notre cerveau droit excelle dans l'intuition, l'irrationnel, le global, l'impromptu, l'émotion, la synthèse.

Notre cerveau gauche s'occupe prioritairement de ce qui est achats raisonnables, fondamentaux, indispensables. Notre cerveau droit se réserve la sélection des grandes ou petites folies, les coups de foudre et autres fantaisies ludiques.

John O'Toole, président de FCB. Je n'ai jamais connu meilleur juge que lui, qu'il s'agisse de presse, de radio ou de télévision.

En tant que publicitaires, nous ne pouvons pas parler le même langage à l'un et à l'autre. Je suis un obsédé du « person to person » de mon ami *John O'Toole.* Mais nous savons tous les deux, pour avoir sérieusement étudié le sujet aux USA et en France, que le cerveau gauche est une personne et le cerveau droit en est une autre. Chez certaines personnes, les deux font bon ménage, chez d'autres c'est l'antagonisme, voire la schizophrénie ! Alors à qui parle-t-on ?

En simplifiant (mais ce n'est pas si facile), le cerveau gauche veut *des preuves* alors que le cerveau droit croit à son intuition. Il est fondamental d'en tenir compte pour *positionner un produit* car si, pour vendre une assurance-retraite, vous vous y prenez comme s'il s'agissait d'un Schweppes, gare à vous !

Je ne parle pas en l'air. Impatient de boire « le drink des gens élégants » (version 1950) ou bien amateur de « schwepping » (version 1983-1984), vous vous moquez de savoir s'il y a de l'acide citrique et de la quinine dans votre verre préféré. Le barman est-il trop peu empressé ? Vous pouvez vous exclamer : « Vivement mon Schweppes ! » C'est le cerveau droit qui salive.

Mais supposons que vous écoutiez Europe 1 le matin vers les 7 heures 50. Frédéric Grendel vous explique ce que François Mitterrand veut, en très bon français.

Admettons que, plutôt que de fuir vers une radio libre ou RTL, vous restiez fidèle à Europe 1. Une telle fidélité signifie que votre cerveau gauche se prépare à voter à droite ! Vous voulez des faits, des chiffres : Jean Boissonnat vous les donne avec franchise.

Quand le cerveau gauche vote à droite...

Oui mais voilà, votre cerveau gauche reçoit un drôle de signal, un soupir épuisé. Sur l'antenne, un quinquagénaire lance son cri du matin :

— Ah, vivement ma retraite AGF !

Vous avez quarante ans, vous êtes pugnace. Votre cerveau gauche vous pousse à *l'accomplissement,* au redressement de votre entreprise. Vous ne supportez plus le laxisme, « l'abandonnite » des années 1968. La crise est là et voilà qu'un comique vous parle de retraite sans aucun préavis.

Ou bien vous avez cinquante ans et, *comme Raymond Thuillier* dans les années 50, vous entamez une seconde carrière.

Je prends, par malice, le cas de Raymond Thuillier parce qu'il a dirigé une des plus grandes compagnies d'assurances françaises avant de faire de Baumanière (et de belle manière) l'un des joyaux de la cuisine provençale et française.

Maréchal, nous voilà... (air connu).

Raymond Thuillier, la quatre-vingtaine gaillarde, vous expliquera qu'une assurance-vie, cela ne s'envoie pas comme cela sur les ondes. Ça se discute pied à pied avec un client. Bref, une assurance-vie, ça se négocie au sommet... du cerveau gauche, *l'impitoyable cerveau gauche qui veut tout savoir avant de signer.*

Qu'importe ! La compagnie d'assurances, qui ne nous lâche pas les oreilles chaque matin entre l'heure du prêche et l'heure des vérités, vous jure comme au temps de « Maréchal, nous voilà » :

— AGF avec vous !

— AGF avec vous !

Quand j'entends ce genre de comptine, je me demande s'il est déjà arrivé au directeur de la publicité des AGF de vendre des assurances sur la vie en tendant simplement sa carte de visite et en chantant « AGF avec vous ! ».

Le cerveau gauche n'aime pas ce qui vient de loin. Il aime toucher de près, détailler un contrat. La vie, la mort, l'emprunt pour vingt ans, n'ont rien à voir avec une chansonnette qui développe, certes, la notoriété des initiales AGF. Je préfère le vieux style, genre la Prévoyance, la Préservatrice, la Paix, l'Union. Cela fait moins anonyme.

Je suis peut-être injuste avec les AGF, mais mon inconscient vient à l'instant de se brancher sur le conscient collectif.

Le conscient collectif est méfiant : il a tendance à considérer que si un banquier propose de vous ouvrir un compte, c'est que vos affaires sont très prospères et que vous êtes déjà client de trois ou quatre banques. Mais si vous avez deux bilans négatifs, bernique !

Pire que Machiavel dans La Pléiade.

Quant aux compagnies d'assurances, elles ont encore plus mauvaise réputation. Je le regrette, mais c'est ainsi. Les paranoïaques vont jusqu'à penser qu'elles viennent à nous en espérant que nous saurons mourir comme le souhaitent leurs statistiques.

Et puis, vous êtes victime d'un vol et vous relisez votre contrat, ce qui est plus difficile à digérer que Machiavel dans La Pléiade. Mais vous découvrez quand même, à la loupe, que votre type de vol n'était pas prévu dans les clauses. Alors, close-combat et bonne chance !

Résultats ? Le conscient collectif vous dit que, pour la collecte, les assurances sont près de vous mais qu'en cas de pépin prévisible, elles se barricadent au plus près du contrat que vous avez signé en toute naïveté.

Tout cela me rappelle ma première Porsche. Comme je sortais de la dernière phase d'un rodage méticuleux, le patron de Sonauto s'approche de moi.

— Alors ? elle tire cette auto ? (surtout, chez Porsche, ne jamais dire voiture ; à la rigueur vous pouvez risquer « cette caisse »).

— C'est-à-dire que je ne dépasse pas encore les 5 000 tours.

— Écoutez Lemonnier, il est temps de tirer sec. 6 000 vite fait. Et puis, on est derrière vous !

A ma première tentative de grimper à 6 000 tours, les bielles en bouillie : la Porsche se vomit. Comme j'expliquais à l'importateur le prix que j'avais attaché à mon auto... et à ses conseils, il m'assura qu'il était avec moi, qu'il partageait ma mésaventure et qu'il était prêt à me vendre, au prix fort, un nouveau modèle beaucoup plus fiable.

Les importateurs de Porsche sont fiables. Les banques et les assurances aussi. Mais elles ne sont jamais avec vous au bon moment. Alors pourquoi en parler au cerveau gauche puisqu'il n'aime pas la radio qui est paroles, paroles et chansons. Il ne croit que ce qu'il voit, le cerveau gauche. Et encore !

AGF n'a pas de chance parce que, sur Europe 1, le matin vers 8 heures, il y a aussi des auditeurs qui se laissent aller à leur cerveau droit qui leur dit :

Un cas de divorce.

« C'est pas vrai ! On lit partout qu'un homme qui prend prématurément sa retraite, perd, avec son travail, le goût de la vie. Votre médecin vous met en garde : « Surtout ne dételez pas, sinon je ne vous donne pas deux ans. Et puis votre femme adorée, vous êtes content de la retrouver le soir après le bureau. Quand vous serez à la retraite, et qu'elle vous aura sur les bras nuit et jour, vous verrez : un cas de divorce ! ».

Votre cerveau droit devient frondeur. « Qu'est-ce qu'ils ne vont pas chercher : ils truquent les chiffres du chômage avec le coup des étudiants en formation-éternelle. Moi, c'est clair, si je suis viré, je passe au noir comme les Italiens. L'Italie, c'est un pays de rêve : plus l'État va mal, plus les Italiens sont en forme. »

Voilà où conduit la confusion entre cerveau droit et cerveau gauche. C'est plus grave qu'on ne croit.

Implication : haute ou basse ?

Humour, où vas-tu te nicher ?

Je n'ai pas encore rencontré d'annonceur qui ne soit persuadé que son produit s'adresse à la fois aux cerveaux gauche et droit, et qu'il est à ce point important qu'il constitue une préoccupation capable de mobiliser nos meilleures cellules grises.

C'est ainsi qu'une entreprise de vente par catalogue n'hésite pas à affirmer par affichage et radio :

« La Redoute, je ne pense qu'à *ça,* qu'à *ça, ça, ça !* » Redoutable, cette Redoute-là.

En dehors d'une petite population de névrosés, la France est composée d'hommes et de femmes qui ne cristallisent pas leurs deux cerveaux sur une seule idée fixe. C'est même le contraire qui est vrai : depuis 1975, les Français sont de plus en plus polyfacettes et polysensuels dans le même temps qu'ils se paient de moins en moins de mots.

Alors, que signifie cet humour en forme de fixation ? Tout simplement l'angoisse d'une entreprise qui a du mal à continuer sa pénétration : ce ne sont pas les femmes qui ne pensent qu'à ça, c'est la Redoute qui avoue sans le savoir que son catalogue n'est ni assez désiré ni assez consulté et qu'elle ne pense qu'à ça. Ce qui est normal. Mais pourquoi le dire ?

Comme si impliquer plus passait par l'affirmation que les femmes sont d'ores et déjà à ce point impliquées par un catalogue qu'elles en font, nuit et jour, leur livre de chevet. Et même 25 heures sur 24 !

A tout prendre (si la terre tourne autour des catalogues), je préfère le style enfantin et féminin de Mafia, l'agence de publicité qui opère avec succès pour les Trois Suisses :

— Le chouchou est arrivé !

Voilà un petit langage événementiel ; juste ce qu'il faut pour qu'il entre bien en phase avec les sensibilités des femmes modernes, qui acceptent la connivence, la complicité un peu forcée.

16 pratiques qui portent malheur.

En publicité, on peut échouer de mille manières. En voici juste quelques-unes :

- Se tromper de public.
- Payer trop cher pour accéder aux publics recherchés.
- Se tromper de média.
- Plaisanter sur un sujet qui ne souffre pas la plaisanterie.
- Manquer d'humour à propos d'un produit dérisoire.
- Dans les magazines, ne pas argumenter alors que les acheteurs potentiels ont un besoin exprimé de documentation complète ou partielle.
- Argumenter alors qu'il n'y a rien à dire qui ne soit considéré comme inutile et bla-bla-bla.
- Voler au secours d'un produit définitivement condamné. L'argent ainsi gaspillé manquera nécessairement pour stimuler un autre produit. Personne n'est assez fort pour opérer sur trop de fronts.
- Investir sur une fausse idée, même si des tests superficiels indiquent qu'il y a « un créneau » : ceux qui ont des intentions d'achat ne sont pas toujours ceux qui passent à l'acte.

• Sous prétexte que, d'une manière générale, notre société est de plus en plus « bio-socio-émotionnelle » et de moins en moins cartésienne, concevoir systématiquement des messages émotionnels pour des produits rationnels.

Exemple : avoir recours à une banque même pour de petites opérations est sérieux, parfois inquiétant (vol des coffres). C'est alors le cerveau gauche qui est en alerte. Alors, à votre avis, quel est le message le plus adéquat ?

- Votre argent m'intéresse (BNP, il y a quelques années).
- Le bon sens près de chez vous (Crédit Agricole).

Si vous ne devinez pas qui a perdu des comptes, n'entrez pas dans la publicité. Devinez. Faites confiance à votre instinct parce que les tests ne suffisent pas toujours : la campagne BNP avait été testée... Mais par qui ? Et comment ?

A votre avis, quel est le message qui vend le plus?

• Être « sexy » quand il conviendrait d'être technique.

Exemple : faire appel à des jambes en l'air pour proposer un ordinateur de haut niveau. Cela arrive...

• Essayer de faire prendre un produit bas de gamme pour un produit haut de gamme.

Exemple : un laquais à la française pour servir un vin du quai de Bercy, réservé habituellement aux terrassiers.

• Être technique quand le produit est ludique. Ou l'inverse.

Exemple : la sortie d'un nouveau disque de Herbert von Karajan ne nécessite pas du tout le même contenu informatif que s'il s'agit d'expliquer les avantages bouleversants d'une platine à rayon laser (lecture numérique qui ridiculise les anciens tourne-disques).

Dans les deux cas, il s'agit d'écouter mais, dans le second cas, il faut découvrir, *avant,* une technologie ; alors que dans le premier cas vous ne serez pas frustré si vous ne savez jamais par quel procédé votre disque a été pressé.

• « Sponsoriser » une marque d'automobiles quand on veut développer les ventes d'un rouge à lèvres.

« Mes voitures ne fument pas. Moi non plus. » (Enzo Ferrari.)

Que Michelin ait soutenu Ferrari ou Renault, pourquoi pas ? Les chances de vaincre étaient plus élevées que les risques d'être associé à des échecs durables; mais soutenir Ligier serait aussi léger qu'une gauloise; et puis, les voitures qui gagnent ne fument pas ! Il n'y a pas de relation entre un papier peint et une voiture des 24 heures du Mans. Le papier Inaltéra a été très altéré d'avoir pensé le contraire. Peut-être qu'un fabricant de rillettes du Mans aurait connu un meilleur score. Mais rien n'est moins sûr.

• Faire descendre dans la rue un produit qui devait son prestige et son succès à sa « valeur-refuge ».

Exemple : ce fut une erreur du bijoutier Aldebert d'occuper des abribus qui sont, pour des montres Timex, un excellent placement.

• Exposer dans la rue, par voie d'affichage, ce qui déjà circule dans les rues.

Contrairement à bien des idées reçues, une automobile ne s'achète pas en regardant une affiche qui annonce « elle roule ! », sans aucune mention lisible du prix, des performances, des conditions de crédit.

Bien sûr, la sortie d'un nouveau modèle est toujours un événement. Mais, passé les premières semaines, il n'y a que quelques inconditionnels d'une marque (et il y en a de moins en moins avec la compétition internationale) pour acheter une voiture sans avoir consulté un ami, un chauffeur de taxi, un garagiste, un catalogue, sans avoir lu un banc d'essai rédigé par un journaliste sérieux.

Alors, pourquoi tant d'argent dévolu à l'affichage ? Pour doper les concessionnaires apathiques ? Sans doute. Mais il y a des moyens moins dispendieux et plus convaincants...

Les grands de la voiture peuvent tout se payer ? Ils en ont les moyens ? Regardez les bilans des dernières années et observez la cadence des licenciements.

Il existe une méthode (très peu connue mais encore moins supportée par les « créatifs ») pour éviter de si grossières et de si fréquentes aberrations.

Quatre questions pour réussir.

La méthode consiste à se poser quatre questions très simples : les prescriptions sont quasiment automatiques.

Question n° 1

Le produit à vendre concerne-t-il le cerveau gauche ? Si oui, s'agit-il d'un produit à haute implication ?

Exemple : l'achat d'une résidence principale ou secondaire entraîne dix ou vingt ans de crédit. Avec les taux d'intérêt pratiqués dans le monde entier, où allons-nous ? On y va ? Dans quel quartier ? A quel prix ? Par quel promoteur ou bâtisseur ? Y a-t-il un lycée à proximité ? Etc.

Conseil : n'oubliez pas que, dans ce cas-là, le cerveau gauche opère ainsi :

Documentation, flair, action.

Alors, documentez-vous par tous les moyens possibles. Préférez la presse magazines, les brochures, le courrier.

Question n° 2

Le produit concerne toujours le cerveau gauche mais implique-t-il moyennement ou peu ?

Exemples : cires, nettoyants pour les WC, lessives, tue-mouches.

Conseil : n'oubliez pas que, pour les produits à faible implication, le cerveau gauche fonctionne ainsi :

Essayer, comparer, constater.
Vous avez donc intérêt à distribuer des échantillons, à multiplier les démonstrations. Ne forcez pas sur les extases : les femmes en connaissent d'autres.

Question n° 3

S'agit-il d'un produit qui passe par le cerveau droit ? Oui ? Mais l'implication est-elle considérable ou simplement élevée ?

Exemples : manteau de vison, 36 bouteilles de château Haut-Brion à ne boire que dans dix ans ; montre signée Bulgari sertie de diamants et de rubis... ou simplement une robe du soir griffée Yves.

Conseil : allez voir l'agence de publicité de votre cœur. Laissez-lui carte blanche pour le choix du meilleur photographe. Ne vous abaissez pas à trop argumenter ; mais ne vous contentez quand même pas d'une simple carte de visite. Faites brûler les désirs.

Allez voir l'agence de publicité de votre cœur...

Dans ce cas-là, le cerveau droit procède ainsi :

Coup de foudre, informations, chèque (ou liquide, c'est selon...).

Question n° 4

Il s'agit d'un produit en relation avec le cerveau droit mais son pouvoir d'implication est-il moyen ou faible ?

Exemples : une bière de dégustation type George Killian's (implication moyenne supérieure); une bière pour se désaltérer (implication faible); une bière de table (implication très faible). Bonbons, vernis à ongles, shampooing de beauté, tee-shirts, collants, etc. (implication faible ou très faible).

Conseil : spots télévisés de 20 à 30 secondes, radio en 30 ou 45 secondes. Presse magazines : pages couleurs. Affichage (abribus de préférence).

Dans ce cas-là, le cerveau droit réagit ainsi :

Payer pour voir, tester le plaisir, multiplier les expériences.

On aura compris que ce sont les publicités rationnelles et comparatives qui ennuient le plus les différents publics concernés par ces produits peu chargés d'hédonisme.

Mais, au bout du compte, préparer une grande campagne par cette méthode (ou une autre) n'est pas si simple. Pourquoi ? Parce que :

- Une agence de publicité (ou une entreprise) doit disposer d'une carte indiquant la position précise de chaque type de produit. Cela suppose de longues interviews portant sur environ 1 000 Français. Le coût est dissuasif et, en 1984, il n'y avait pas, en France, trois agences aptes à se servir de cette méthode. Impact en fait partie.

• Les campagnes qui obtiennent des grands prix sont celles qui étonnent le plus. Celles qui font dire « Mais où ont-ils été chercher ça ? » ; le gag fou, l'idée insolite, inattendue.

Seulement voilà : des centaines d'études et de tests m'ont appris que l'inattendu ne vend que s'il était attendu par l'inconscient. Tristan Bernard conseillait : « *Il faut surprendre le public avec ce qu'il attend* ». Chaque publicitaire devrait réciter chaque matin cette petite litanie ; car, contrairement à ce que croient les débutants, ce qui n'est pas attendu dans l'inconscient se vend rarement, même par l'humour.

On l'a vu, certains annonceurs ont tendance à estimer que leurs produits hantent nos deux cerveaux. D'autres sous-estiment leur pouvoir d'implication et souhaitent le mutisme expéditif, l'acte bref, lors même que les acheteurs aimeraient « tout savoir » et ne se lassent pas d'éprouver. Les agences ont bien du mal à faire glisser leurs clients d'un registre aberrant à un autre qui serait pertinent ; d'un ton déplacé à un autre qui serait bien placé, comme l'on dit d'une voix.

On ne peut pas en vouloir aux hommes de technostructure : la psychologie, la psycho-sociologie, l'anthropologie, la sémiologie ne sont pratiquement pas effleurées dans les grandes écoles qui font les grands chefs de produits.

Alors, il se produit des anamorphoses : on a le miroir courbe que l'on peut. Les vérités sont plus plates. Il arrive pourtant qu'une marque qui est fondamentalement liée au cerveau gauche et à haute implication ait intérêt à flirter avec le cerveau droit. Le cas le plus typique et le plus récent est celui de Mercedes-Benz.

Ce graphique illustre schématiquement le processus par lequel les consommateurs s'informent avant de passer à l'acte d'achat.

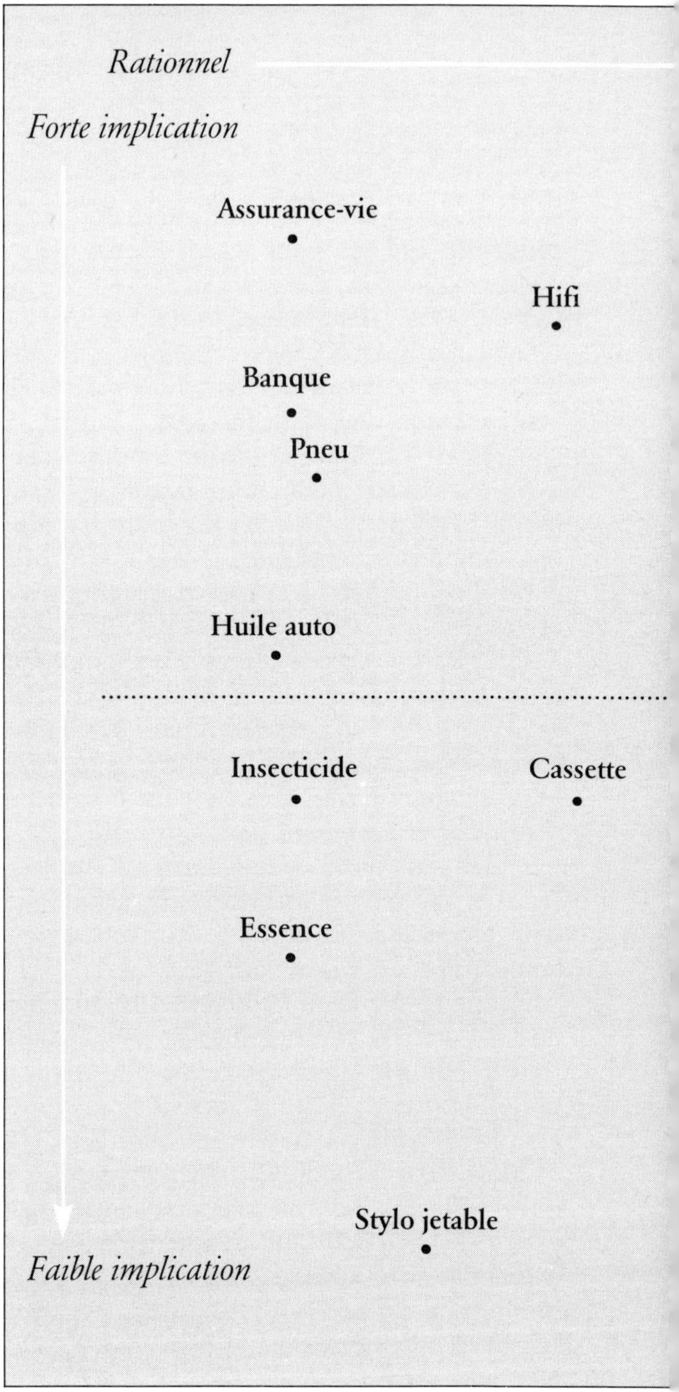

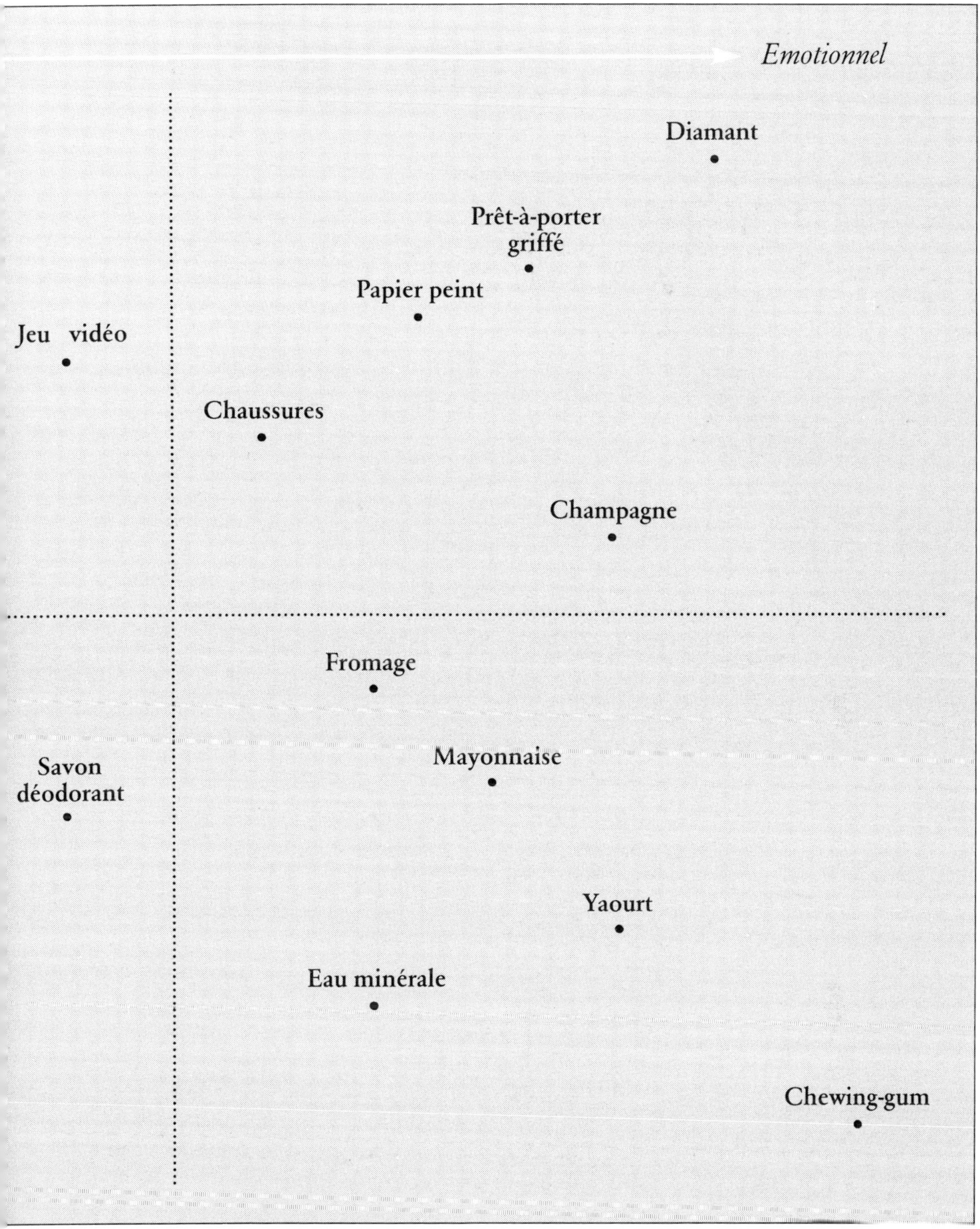

Le positionnement des produits cités n'est pas rigoureusement exact : secret oblige. Il s'agit ici d'illustrer la part respective du cerveau gauche et du cerveau droit.

En France, cette marque ne laisse pas indifférent. Elle fourmille de polyvalences ambiguës. Pour certains, c'est Hitler. Pour d'autres, c'est Bokassa, à moins que ce ne soient les rois du pétrole. Les chauffeurs de taxi ne jurent que par Mercedes mais les acheteurs potentiels n'ont pas tous envie d'être assimilés à des hommes des transports publics ; ceux qui n'aiment pas les sièges « éducatifs » se dérobent.

Ceux qui en veulent pour leur argent accourent. Mais, au total, l'image était jugée épaisse. C'est sans doute pourquoi Mercedes a lancé un superbe contre-pied en proposant la « petite » 190. Ce qui a permis à l'agence Ogilvy de produire, en France, des annonces pour la 190 E qui allègent Mercedes de ses pesanteurs et de ses germanismes excessifs.

Voitures jusqu'ici pour ambassades, Opéra, palaces, voilà ce qu'étaient les Mercedes. Et, *sans incompatibilité,* voici la 190, fine, dévoreuse de chronos et de trajectoires ; Mozart, fugues, lignes de fuite. Sans quitter le cerveau gauche qui appréciait la plus belle technologie automobile qui soit au monde pour des berlines, voici qu'au ton des messages insérés dans les magazines, le cerveau droit des Français se met à découvrir qu'une Mercedes peut être vibrante, pugnace, mince, coriace. Aussitôt après est arrivée une 190 dotée de 4 soupapes par cylindre : nos deux cerveaux sont alors réconciliés dans la très haute implication. Superbe !

Nos deux cerveaux enfin réconciliés.

Qui n'a pas envie d'un cocktail où entreraient et le sérieux allemand et la fougue italienne ? C'est pourquoi, dans les annonces de lancement, les 190 E étaient d'un rouge presque Ferrari... J'ai fait tester ces annonces par quarante-deux étudiants de l'ESSEC : ce petit détail ne leur a pas échappé. A partir d'un positionnement très fin, ce sont les détails qui comptent le plus.

L'agence Impact s'est livrée, dans un autre registre, à un travail comparable : glisser du cerveau gauche et de la basse implication vers le cerveau droit à une plus haute implication. C'est cet exercice délicat qui a permis à Carrefour, de 1980 à 1985, de prendre une grande distance par rapport à ses concurrents. Ce dérapage contrôlé par huit études sur le terrain mérite un développement.

Plus bas que moi tu meurs...

Carrefour de 1980 à 1985

Tous les hypermarchés enfournent leur publicité dans une guerre des prix bas et plus bas que bas. La fournaise brûle, à prix d'or, du côté des produits à très basse implication, ceux qu'on achète par nécessité et rarement pour se faire un petit plaisir. Je veux dire produits alimentaires de routine, produits qui ne réservent aucune surprise et qu'on peut aussi bien trouver (à des prix plus élevés, certes) chez l'épicier du coin.

Et aussi produits d'entretien pas très ludiques du genre lessives, adoucisseurs, tampons-frotteurs, antimites, etc., que l'on peut trouver chez le marchand de couleurs du quartier.

A propos de ces produits peu coûteux qui n'engagent jamais vraiment la personnalité de ceux qui remplissent leur caddy, sur les ondes, tous les jours, c'est boum, boum.

Il se trouve que ce sont les femmes qui assurent plus de 80 % des achats dans les hypermarchés. Or les femmes n'aiment pas du tout la guerre. Elles écoutent plus leur musique intérieure, leur intui-

Les femmes n'aiment pas la guerre.

tion ; une fois libérées de leur rôle nourricier, elles sont, plus que les hommes, à l'affût de ce qui ne remplit pas seulement les estomacs et les poubelles mais aussi une vie animée.

Les femmes qui circulent dans un magasin Carrefour ne sont pas des analphabètes : les livres les intéressent à un point tel que Carrefour figure parmi les quinze premiers vendeurs de France dans ce domaine.

Bien que des études sournoises révèlent que les femmes ne sont pas toujours des mères généreuses, elles prennent plaisir à acheter, pour leurs enfants, des vêtements simples, gais, bien coupés : chez Carrefour, avec les économies réalisées, elles peuvent, au détour d'un rayon, s'offrir trois collants, une paire de tennis et deux boîtes de balles...

Il arrive que leur mari les accompagne et que, non prévenu, il ne sache pas quoi penser d'une chaîne hifi vendue à — 20 %. S'agit-il d'une fin de série ? Même désarroi en comparant le prix d'une tondeuse à celui du même engin vendu à cent mètres de sa résidence secondaire. Y a-t-il un truc ? Non, il n'y a pas de mystère : Carrefour achète mille fois plus de tondeuses par an qu'un pépiniériste.

Je cite ces cheminements dans un hyper pour bien faire comprendre que les différents publics qui fréquentent les hypers ne font pas que manger, boire et nettoyer. Ils ont une vie beaucoup plus riche.

J'ai maintenant la preuve que les clients des magasins Carrefour sont, en termes socio-culturels, *très en avance* par rapport à la moyenne française. Il convient donc de les traiter pour ce qu'il sont et non pas comme des demeurés. Il n'y a pas à les idiotifier, à les abrutir de prix concassés, à agresser leurs petits matins par des rafales de spots radio tous plus crépitants les uns que les autres.

La meilleure stratégie est de faire en sorte qu'un magasin Carrefour apparaisse (puisque c'est la vérité) comme un lieu où la part bio-socio-émotionnelle, qui prédomine chez plus de 40 % des clients de Carrefour, peut être satisfaite à des prix qui *toute l'année* sont, naturellement, sans artifice spectaculaire, garants d'un rapport « plaisir-investissement » qui ne souffre pas la comparaison.

Ce ne sont pas les prix seuls qui intéressent les clients de Carrefour. C'est le rapport plaisir-qualité-prix.

En développant cette stratégie, Carrefour a non seulement développé ses ventes dans des secteurs autres que l'alimentation et l'entretien mais aussi amélioré très sensiblement ses relations avec ses fournisseurs, son personnel et l'environnement.

C'est à ce point vrai qu'en 1983, Carrefour a été jugé par 1000 personnes interviewées en profondeur comme l'entreprise la plus montante en sympathie. Sur ce point, la progression a dépassé 60 %.

Ce score exceptionnel s'explique en grande partie par le fait qu'Impact, après études de marché menées par la Cofremca [1], a préconisé une communication moins cerveau gauche, une approche plus axée sur le concret émotionnel.

Bref, une approche stimulant le cerveau droit et concernant des produits à implication relativement élevée ou moyenne.

Cette démarche a surpris tous les observateurs. Il

1. Institut de recherche en sciences sociales appliquées.

Alain Cambon : ce stratège est le contraire d'un stratège en chambre. Depuis dix ans, il passe l'essentiel de son temps à dialoguer avec dix-sept magasins Carrefour dispersés aux quatre coins de la France.

Quelle cure de réalisme !

n'y avait pourtant rien de surprenant dans cette prise en compte de ce que sont réellement les clients de Carrefour. Encore fallait-il que les analystes sachent que défricheurs et innovateurs sont, en pourcentage, sur-représentés chez Carrefour. Le pourcentage « d'avancés » est double de celui qui est enregistré pour les magasins traditionnels. Merci les études ! En les finançant au bon moment, Carrefour a pris trois ans d'avance sur ses concurrents.

Maurice Frydman, peintre, sculpteur et... passeur.

Et en Belgique ?

En Belgique, Maurice Frydman, peintre et sculpteur inspiré, dirige depuis plus de dix ans l'agence Impact-FCB.

Sans que jamais je n'exerce la moindre pression sur lui et sur ses collaborateurs, il s'est inspiré des recherches que je menais en France.

Il croit comme moi qu'en publicité, la violence ne paie pas : toute sa production est remarquable de clarté, de lisibilité et surtout d'empathie pour les différents publics belges.

Les messages qu'il délivre pour la Sabena ou pour ABL (groupe bancaire) sont de superbes tranches de vie dans lesquelles les Belges - Flamands ou Wallons - se reconnaissent et surtout se sentent aimés.

Tantôt les textes sont courts, souvent ils sont très documentés. Mais toujours ciselés et très impliquants.

Aucune marque de café européenne n'a pu conquérir 40 % d'un marché. Maurice Frydman a réussi - pour Douwe Egberts - ce score incroyable. Comment ? Pendant dix ans, il a conçu des annonces deux pages : à gauche une photo sacralisant l'alchimie des grands cafés ; à droite une pleine page de texte ! Qui lit cela ? Des amateurs de café... Qui l'eût cru ? Lui. Et son client. Comprendre les consommateurs est plus efficace que de douter de leur quotient intellectuel.

XV. Cerveau droit et néo-aristocratie

Les travaux américains sur ce qui, en nous, est régi par l'un ou l'autre (ou les deux) de nos deux cerveaux sont relativement récents et ce n'est que depuis 1980 que la communication tire parti de ces données.

Mais il y a toujours eu des Monsieur Jourdain et les publicitaires intuitifs n'ont pas attendu ces preuves pour risquer des hypothèses. Depuis 1920, il est avéré qu'un produit, quel qu'il soit, n'est jamais uniquement une réalité mesurable par ses ingrédients, ses composants, son utilité, son rendement, ses performances.

C'est toujours, à mérites égaux, l'image du produit ou de la marque qui fait la différence.

Or, plus le temps passe et plus les produits se ressemblent ; à tel point que les unions de consommateurs ne parviennent pas à découvrir, dans leurs laboratoires, ce qui pourrait bien permettre de conseiller, objectivement, les uns plutôt que les autres.

C'est dire que, plus le temps passe, plus c'est

l'image de marque qui emporte la décision. C'est dire encore que ce ne sont pas uniquement la raison, l'analyse (cerveau gauche) qui arbitrent nos choix, mais notre « feeling », notre synthèse émotionnelle (cerveau droit) qui font basculer nos choix.

Il se trouve que la publicité est, bien souvent, sinon le principal responsable mais, généralement, le facteur clé dans la création et la diffusion d'une image de marque.

Pour un homme qui débarquerait de la planète Mars, quelle différence apparente entre des voitures qui ont toutes 3 ou 5 portes (dont une à l'arrière) ?

Quelle différence entre une Renault 5 turbo, une Golf GTI, une Peugeot 205 GTI, une Fiat Ritmo Abarth, une Sunbeam Talbot (préparation Cosworth, 16 soupapes), une Colt GTI turbo ?.. Le cerveau gauche d'un Martien pourrait consulter les magazines spécialisés dans l'analyse des performances comparées. Il y trouverait des éléments pour une décision rationnelle.

Mais, ne vivant pas dans l'air du temps, le Martien n'arriverait pas à imaginer *de quoi il aurait l'air* s'il choisissait une Talbot plutôt qu'une Golf. Vous qui n'êtes ni dans la Lune ni sur Mars, vous savez où est la différence : elle est dans l'image.

Il y a des publicités négatives.

Pour ce qui touche aux automobiles, la réputation ne dépend pas uniquement des messages publicitaires. Mais lorsque la publicité intervient pour jouer son rôle modeste, mieux vaut qu'elle n'enterre pas ce qui ne demandait qu'à voir le jour. Je ne suis pas sûr qu'au moment du lancement d'une bonne petite auto (la Samba), au moment où Talbot partait en déroute, il était bon de clamer

« Apprenez la Samba ! », car la publicité n'apprenait rien sur elle.

Autre interrogation plus sérieuse : pouvait-on à propos d'une même voiture, d'abord la signer Simca-Horizon, puis Chrysler-Simca, ensuite Talbot-Simca, pour finir par Talbot ? C'est vrai que les tests assuraient que 80 % des Français avaient une haute opinion de Talbot, marque aussi glorieuse, à son époque, que Delahaye, Delage, Mercedes, Rolls. Ils estimaient que ce blason siérait bien à Simca. Le chiffre m'a toujours paru bizarre. Alors, j'ai interrogé des individus de toutes conditions sur l'intérêt de remplacer Simca par Talbot.

Presque tous m'ont dit : « Ça dépend. Si les modèles qui vont sortir sont dignes de l'image que je me fais d'une Talbot, tout se passera bien ».

— Mais si rien ou presque ne change ?

— Alors, ça fera bidon et ça fera un bide !

Chacun sait ce qu'est devenu Talbot : on ne passe pas d'une image à une autre en l'espace de deux ou trois ans, simplement en changeant de nom, donc de sigle. J'aime bien le logotype de Talbot, un beau T. Mais je préfère le H de Honda, quitte à passer pour un mauvais Français. Parce que Honda, c'est la perfection, par les robots. Talbot, la déroute, par les retards technologiques, l'image insoutenable et les grèves qui n'ont rien arrangé...

Changer le nom d'une marque est certainement un facteur décisif dans l'évolution d'une image de marque. Encore faut-il que les changements *dans* le produit précèdent le changement du nom.

Je propose maintenant que vous lisiez quatre histoires où l'on peut voir à quel point le changement d'un nom peut entraîner des effets stimulants à différents niveaux.

- Amélioration de la qualité des produits proposés et proposables.
- Élévation de l'image de marque.
- Vie plus agréable pour les dirigeants de ces entreprises et pour leurs collaborateurs.
- Finances plus prospères.
- Avenir plus ouvert parce que marques plus en phase avec le cerveau droit des différents publics.
- Plus haute implication dans le cerveau droit des acheteurs et futurs acheteurs.

I. L'histoire d'Anne de Solène

Il était une fois une dame qui avait du style et qui était styliste, ce qui signifie qu'elle dessinait ou orientait des collections. De linge de maison.

Elle arrivait de Paris pour officier dans les Vosges, qui sont renommées pour le ski de fond, la chasse et le recueillement, mais pas tellement pour la cueillette des idées-mode.

Cette dame avait un bien joli nom : Anne de Solages. Connue du Tout-Paris de la Presse. Les Vosges lui allaient comme pousse la mousse sous les sapins obscurs.

Un membre de sa famille dirigeait une bien jolie manufacture à l'enseigne de Julienrupt, ce qui sonne moins bien que Julien Sorel. Mais Stendhal dans les Vosges ? Drôle de nom, Julienrupt, pour vendre du linge de maison ! Julienrupt me faisait penser à un marchand de canons plutôt qu'à des draps caressants. C'est le *rupt* que je trouvais abrupt, un peu raide et rugueux. Le patron, qui me voyait venir, prit les devants :

— Nous n'allons quand même pas changer le nom d'une marque qui est liée à des siècles d'histoire ! Et puis, nos représentants, qui ne sont pas tout jeunes, l'ont fait connaître dans toute la France.

— A votre avis, combien de femmes sont capables de dire qui est Julienrupt ? Je vous propose une enquête et je parie que le chiffre sera inférieur à 4 %. Quant à l'équipe de vente, il devrait être possible de la rajeunir. D'après mon expérience, après quarante-cinq ans, les hommes équilibrés supportent mal de quitter femme et enfants pendant huit ou quinze jours.

— Si nous changions de marque, vous conseilleriez quoi ?

Quelle question ! Anne de Solages étant membre de la famille, styliste, créatrice, je suggérai de signer les collections par un nom dérivé du sien : ce serait *Anne de Solène.*

Une sœur Anne qui voyait tout venir.

Après enquête, il s'avéra, évidemment, que le score de Julienrupt n'atteignait pas 4 %. Un contrat transforma Anne de Solages en une autre Anne qui voyait tout venir : la notoriété, le succès. Un nouveau marché s'ouvrait : les collections classiques pourraient continuer à s'écouler sous les anciennes appellations, mais les modèles les plus avancés, présentés dans des cartons haute couture, procureraient des débouchés à haute plus-value.

Anne de Solages avait beaucoup de charme dans sa trentaine épanouie. Sa taille et son visage ne laissaient aucun doute sur ses préférences alimentaires : il y avait dans l'air des odeurs de croissants chauds, de tartes des sœurs Tatin...

Par mille détours, je lui fis mesurer ses nouvelles responsabilités : collections plus osées et aussi obligation de se faire photographier, comme il est d'usage pour les vedettes. Or, les photos « nous grossissent » toujours, surtout dans le cas où le visage manque de creux et de modelé... Anne de Solages écoutait, rieuse. La première sortie de la collection signée Anne de Solène provoqua une envolée des ventes et des profits. Les représentants ne regrettaient pas les temps anciens.

C'est aux Grands Montets, au premier tronçon de la redoutable piste de Chamonix, que je retrouvai Anne de Solène. Méconnaissable, je ne la reconnus pas : elle avait perdu seize kilos en six mois ! Moyennant quoi, moulée de cuir noir, elle ondulait, plongeait dans les creux, jaillissait des bosses à rendre jalouse Marielle Goitschel, qui glissait dans les environs.

Elle avait perdu seize kilos en six mois.

Anne de Solène, avec un budget de publicité d'une minceur inquiétante, atteignit des sommets.

Un nom bien porté peut catapulter une entreprise. Et, dans le linge de maison, comme dans le prêt-à-porter (encore plus dans la couture), il faut savoir si l'on veut vendre au prix d'usine ou au prix de l'avenue Victor-Hugo.

II. L'histoire de Monsieur Richard

En ce temps-là, Monsieur Richard rêvait d'industrialiser les cheminées. Pourquoi pas ? Un système de programmation permet parfois de faire mieux que l'improvisation d'un maçon fumeux.

Il se trouve qu'en dépit de cette probabilité, j'étais convaincu que les Français n'aiment guère qu'on leur jette à la figure qu'un feu de bois n'est jamais aussi beau que par la grande série : tant il est vrai que votre feu à vous ne saurait être le feu du voisin. Une cheminée doit être personnalisée et en aucun cas dépersonnalisée.

Le secret des cheminées qui ne fument plus.

Une cheminée doit être signée par un nom qui évoque « la belle ouvrage » et cette alchimie des proportions, les nombres du feu qui font qu'il y a des cheminées qui tirent et d'autres qui enfument. Or Richard avait trouvé le secret des cheminées qui ne peuvent pas fumer comme le bas Têtu refusait de filer ! Quel USP !

Richard avait cet atout, mais j'étais sûr que ses ambitions mordraient la cendre s'il continuait à vouloir proclamer sa supériorité industrielle. Pas d'étude de marché possible pour étayer ma certitude. Je dus me contenter de ma propre action psychologique, Richard n'ayant pas un sou à consacrer à une enquête.

Richard admit assez facilement que ses clients n'avaient pas à savoir si ses cheminées étaient préfabriquées et modulaires ; et que briques, pierres de taille, marbres et plaques héraldiques font autrement rêver qu'une industrie...

Le plus délicat fut de lui faire entendre que Richard faisait un peu... nouveau riche et très parvenu.

Certes, quelles que soient nos origines, nous sommes tous des parvenus dès l'instant que nous ne sommes pas morts au sortir du liquide amniotique qui baigne nos 270 premiers jours.

Qu'est-ce qu'un lord, un sir, le premier de sa lignée : quelqu'un qui est parvenu à faire reconnaître ses éminents services par une reine ou un roi.

Je ne proposais pas à Richard de changer son nom pour Richard III. Mon plan était de faire de Richard un prénom et de l'associer à un patronyme rustique et bien de chez nous.

Écoutant mon projet, le sang breton de Richard ne fit qu'un tour et ses yeux crachèrent du feu : « J'y suis, je vous suis, me dit-il, il y a des Le Droff dans ma famille... ».

C'était parti comme un feu bien conduit. L'entreprise s'appela Richard Le Droff. Les ventes s'enflammèrent au point qu'en moins de deux ans le leadership était conquis.

Les artisans qui montaient les cheminées reçurent une enseigne représentant un blason et mentionnant : « Richard Le Droff, maître âtrier ».

Appelez-moi maître, tout simplement...

C'est Jean Bernon, un copy-writer inspiré, qui avait trouvé cet attribut pour Richard. Et c'est à Nicole Landau, une superbe rédactrice, que je demandai de réaliser et de préparer un véritable livre de plus de cent pages, intitulé *Mes cent plus belles cheminées* par Richard Le Droff, maître âtrier.

Chaque cheminée était présentée en couleurs. Au-dessous d'une photo qui occupait les deux tiers de la page, Nicole expliquait pour qui et pourquoi Richard, comprenant le style de vie d'un avocat, d'un médecin, d'un pianiste avait créé pour lui ce modèle jusque-là inédit.

Le livre fut vendu par la méthode des coupons-réponses : il fallait payer cher pour l'obtenir.

Mais les commandes arrivaient, au point de perturber le secrétariat de Richard.

Les découpeurs en avaient pour leur argent et surtout pour leurs rêves. Ce que j'avais prévu arrivait : on n'achète pas une cheminée en feuilletant *Maisons et Jardins* ou bien *Mon Foyer, ma Maison !*

Quatre pages couleurs dans les magazines de décoration auraient crevé le budget de Richard ; c'est pourquoi nous vendîmes le catalogue par des tiers de pages noires : vous avez bien lu, *des tiers de pages!* Pas de quoi remporter un Clio, mais Richard put construire la plus grande usine d'Europe pour sa catégorie.

III. L'histoire d'Alain et de Paul

Il était une fois un charcutier qui faisait du bon miam comme on en fait en Auvergne : jambons, saucissons, pâtés sincères.

L'atelier d'Alain Prédo n'était pas implanté à Figeac ou Aurillac. C'est à Gonesse qu'officiait Alain. Certes, Gonesse n'est pas très loin de la fameuse Patte-d'Oie, mais personne n'avait jamais vu le moindre foie de volaille dans ce coin-là.

L'avantage de Gonesse, c'est que, là-bas, le terrain n'est pas cher. Bon marché, les produits confectionnés par Alain et son équipe l'étaient aussi. Ils étaient si bon marché qu'un banquier m'invita à rencontrer Alain Prédo. Le but de l'opération était de remonter les profits, sinon, adieu les crédits.

Dès que je vis le visage d'Alain, je sus que nous allions gagner la partie. Dès qu'il me vit, il se souvint de m'avoir vu me battre à Azur[1]. Échanger quelques balles au tennis permet de savoir à qui l'on a affaire. Le banquier retrouva vite son optimisme.

Alain avait un sacré coup de patte.

Chaussant des bottes de caoutchouc, m'envelop pant d'une blouse de chirurgien, suivant Alain qui marchait dans l'eau et dans le sang, je découvris des artisans appliqués, des jambons bien dodus, des réserves de porto d'excellente qualité, des herbes odoriférantes, une cantine où le personnel man-

1. Son club de tennis préféré.

geait des canards dignes de « La Tour d'Argent ». Alors, qu'est-ce qui n'allait pas ?

Alain Prédo m'expliqua que le Gouvernement bloquait les prix et qu'il ne pouvait plus s'en sortir. Et pourquoi ? Parce que le porc, à l'achat, passait au travers des contrôles de prix : les paysans n'ont que faire des décrets et des lois. Mais lui, Alain, et ses concurrents, devaient respecter les prix de vente bloqués. Bref, plus Prédo vendait, plus il s'enfonçait. Alors, que faire ?

— Il faut faire de la publicité, suggéra son associé. Il y a longtemps que je vous connais parce que, voyez-vous, avant d'être ici, j'ai travaillé chez McCann [1].

— Vous avez un budget ?

— Pas encore, mais vous êtes là pour qu'on en parle.

Mes bronches étaient gelées par leur passage dans les installations frigorifiques qui s'alignaient au fil des couloirs ; mais je ne bronchai pas. Comment faire de la publicité, donc vendre plus, pour une entreprise qui perd son sang au fur et à mesure qu'elle achète du porc insoumis aux règlements ?

Je tirai sur ma pipe : ça réchauffe. Depuis, j'ai abandonné la pipe. Certes, ça donne une contenance, mais ça fait basculer les dents.

Je commençais à y voir clair. Ce que vendait Alain était taxé, bloqué ; mais tout ce qui était charcuterie était-il taxé ? Non, cela dépendait... Cela dépendait de quoi ?

— Prenez les spécialités régionales, les créations inédites, ce n'est pas taxé.

1. Une des plus grandes agences américaines.

En entendant ces simples mots, je crus voir la Fortune entrer dans le bureau d'Alain Prédo et mon plan fut clair et entra en moi comme de l'or dans un coffre.

En moins d'une heure il fut décidé ceci :

1. Il ne faut plus forcer sur ce qui entraîne des pertes systématiques. Il faut créer des spécialités ou bien s'inspirer des traditions régionales et les surpasser. Possible ? Oui. Alors, aux cuisines !

2. Ce qui est élaboré selon des méthodes artisanales n'a aucun intérêt à porter une marque anonyme.

3. Ce qui est artisanal doit être présenté dans des terrines artisanales et non pas sous emballages plastique et dévalorisants.

La suite fut une épopée à partir de quatre étapes :

1. Attendre un an avant d'investir en publicité. Surprise d'Alain et soupir de soulagement du banquier.

2. Consacrer un an à tester, par le personnel de l'agence, les nouveaux produits imaginés par Alain ou par nous-mêmes. Lui, fournirait les casse-croûte et nous le beaujolais de Jean-Charles Pivot.

3. Trouver de vraies terrines : Alain et moi, nous partîmes vers Carthage, célèbre pour ses céramiques. On y trouvait aussi des terrines à des prix incitateurs...

4. Tous les produits portaient plus ou moins lisiblement le nom Prédo. Pas Alain Prédo. Non, Prédo. Comme Olida. J'expliquai à Alain que Prédo, avec son « d » et son « o », c'est comme Olida avec son « d » et son « a ».

Pourquoi signer un artisanat d'un nom aussi

industriel qu'Olida ? C'est consentir, sans en avoir les moyens, à tirer les profits vers le bas.

Pour ce qui touche à la sémantique, Alain Prédo n'était pas un innocent. Son ouverture d'esprit et sa pratique régulière du tennis avaient développé ses réflexes. Alors, il fut décidé qu'Olida faisait italien d'un niveau moyen et que Prédo en tant que marque, c'était encore plus risqué parce que non connu.

Je plaçai ma botte secrète : la marque, sauf s'il y voyait un inconvénient, serait désormais *Paul Prédault.*

Un dédoublement de la personnalité.

Restait, bien entendu, comme toujours, à consulter la famille. Et puis Alain ne risquait-il pas, comme il l'avait entendu dire dans les séminaires - qu'il fréquentait de temps à autre - ce que les psychologues appellent un dédoublement de la personnalité ?

— En route, lui dis-je, nous allons doubler tous les concurrents.

La famille acquiesça à cette perspective. Nous réinventâmes le jambon persillé de Bourgogne, le pâté de Gascogne, le gigot fumé, etc. La Presse applaudissait lors des dégustations. La France découvrait chez les charcutiers de quartier le terroir de la Patte-d'Oie de Gonesse.

Paul Prédault acceptait de se faire photographier dans l'accoutrement qui avait toujours été le sien : celui d'un créateur authentique.

Ne doutant plus de rien, Paul alla jusqu'à s'attaquer au foie gras. Une union de consommateurs tomba d'accord avec Gault et Millau pour le désigner comme numéro deux du foie gras semi-frais. Et il ne cessait de remporter concours et prix.

De quoi perdre la tête. Pourtant, Alain Prédo

resta Alain, c'est-à-dire auvergnat. Et, aujourd'hui, les banques l'aiment beaucoup car, en fin d'année, il dégage plus de bénéfices que Talbot ! Vous me direz qu'il n'a pas de mal ? Si, il se lève toujours à 5 heures du matin et casse encore une petite croûte vers les 10 heures avec ses charcutiers qui dégustent ce qu'ils préparent avec amour. Essayez sa dernière création : *Le Foué*, un jambon secrètement cuit dans son jus. Un chef-d'œuvre qu'il ne vend plus à perte, que ce soit en France (où il est numéro un) ou à l'exportation.

Il y a des fils qui doivent se faire un prénom. Alain Prédo a su se faire deux prénoms et deux noms.

IV. Passage de Lille à Dublin ou l'histoire du gentleman-brasseur George Killian

Il était une fois un brasseur lillois qui ne voulait pas faire de la bière comme ses grands concurrents français et européens.

Plus un produit est semblable à ses concurrents, plus il est menacé.

Il avait raison, car il y a une règle qui ne souffre guère d'exceptions : plus un produit - quel qu'il soit - est comparable ou comparé à des dizaines de produits du même type, plus ses chances d'être préféré sont réduites.

Même si le gâteau est grand, ceux qui s'invitent à le partager n'ont qu'une portion congrue qui les laisse sur leur faim.

En 1973, la bière blonde, qu'elle soit dite de table (c'est-à-dire peu alcoolisée) ou bien encore dite de luxe, représentait, certes, 84 % de la consommation. Mais quels bénéfices ? A se disputer, les concurrents y laissaient jusqu'à leur chope !

Les bières dites spéciales occupaient 16 % du

marché, mais quel profits ! Les bières spéciales ont chacune un goût... spécial qui permet aux amateurs de fixer leur préférence. Et à partir de cette différence, tout s'enchaîne : une bière spéciale dispose de marges bénéficiaires qu'il est possible de réinvestir en efforts industriels, commerciaux et aussi en publicité. Si l'ensemble du dispositif offensif est bien mené, les profits montent comme la mousse généreuse d'une grande bière spontanée.

Le leader dans cette stratégie a toujours été Kronenbourg qui a su se tailler, au fil des années, sans jamais commettre la moindre erreur, la part du lion avec 29 % de ce marché.

Raisonner en volume n'a plus de sens. Il est temps de raisonner en profits pour les différents types de consommateurs.

Le brasseur lillois en détenait 26 % [1] sous la marque Pelforth. Pourquoi Pelforth, entreprise de dimension moyenne, réalisait-elle un score si proche de celui du géant alsacien ? Parce que le brasseur lillois avait eu l'idée, après la Seconde Guerre mondiale, de brasser une bière encore plus spéciale que les spéciales : *la Pelforth brune.*

Pelforth venait de choisir une approche des profits qui pourrait sauver beaucoup d'entreprises à l'heure actuelle : cesser de raisonner en volume, en chiffre d'affaires, cesser de massifier la production pour satisfaire *des individus à la recherche de goûts particuliers.*

En 1973, avant le choc pétrolier, cette stratégie était déjà la plus rentable. Aujourd'hui, c'est la seule qui vaille dans la mesure où les Français chipotent à propos de produits sans caractère, mais n'hésitent pas à payer « le prix » pour se faire un grand plaisir. Un grand plaisir ? Oui, pour ceux qui

1. Autant que 89 autres marques réunies !

prennent le temps de la déguster, une Pelforth brune est un grand moment !

Le succès stimule. Ce succès n'était pas dû uniquement à la couleur : sans le savoir, les consommateurs dégustaient une bière à *fermentation haute.* L'élaboration s'effectue entre 5 et 15 degrés. Aucune régulation de température n'intervenant, la bière est plus digeste à degré alcoolique égal ; et son goût est plus fin. 99 % des brasseurs français utilisent la fermentation basse, qui convient à une production de masse.

Le succès donne des idées : en 1973, Pelforth envisageait *le lancement d'une bière ambrée :* pourquoi ambrée ? Parce qu'il n'en existait pas alors en France. Ou plutôt si, il en existait une : depuis quelques années déjà, brassée par Pelforth, mais distribuée localement. Cette bière s'appelait « India Pale Ale » et c'est pour me parler d'elle qu'un jour, arriva dans mon bureau un « gentleman-brasseur » lillois qui s'appelait Bernard Rius.

Bernard Rius, directeur du marketing de Pelforth, m'entretint de son produit avec enthousiasme. Brassée en fermentation haute selon une technique anglo-saxonne, comme sa sœur la Pelforth brune, l'India Pale Ale, c'était son nom, lui paraissait susceptible de connaître un destin national. Par sa couleur ambrée, sa rousseur qui la différenciait déjà visuellement de toutes les bières spéciales françaises. Spécifique aussi son goût, qui rappelait certaines grandes bières anglo-saxonnes ou allemandes.

La bière des Indiens ou la bière des Hindous ?

Tandis que j'en dégustais une, mon sentiment était très partagé - oui, grande idée - cette bière ambrée est originale et d'excellente qualité, mais « India Pale Ale » ? Tout le monde ne parle pas

Bernard Rius. Sans lui, la bière George Killian n'aurait jamais vu le jour. C'est lui qui m'a donné le feu vert. Quelle intuition ! Directeur du marketing chez Pelforth. Un sens du destin des marques vraiment peu commun — la vista.

anglais et, pour un Français, une bière qui a du caractère ne peut pas être pâle... Et puis, qui a dit que les Indiens - à moins que ce ne soient les Hindous - sont perçus comme les meilleurs experts mondiaux en matière brassicole ?

Je délivrai ces réflexions à Bernard Rius, en lui faisant part d'un certain scepticisme. « Monsieur Lemonnier, me dit alors Bernard Rius, je ne m'attends pas à ce que vous répondiez aujourd'hui. Ce que je sais, ce dont je suis persuadé, c'est que cette bière est une bière originale, d'une excellente qualité. Réfléchissez et tenez-moi au courant de vos réflexions ; on se revoit dans un mois. D'ici là, je vais consulter d'autres agences. Mais, ajouta-t-il en souriant, cela m'étonnerait que vous ne trouviez pas une grande idée, car je sais que vous aimez les grands produits. A vous de jouer. »

Impressionné par la confiance qu'il semblait me témoigner et la passion qu'il portait à ce projet, j'appelai un de mes plus anciens collaborateurs, Jean-René Ruttinger, et nous nous mîmes aussitôt au travail.

Jean-René était déjà, à cette époque, directeur de la production audiovisuelle, mais aussi un grand rédacteur, notamment dans le registre poétique et imaginaire. Et c'est en discutant et en travaillant ensemble tard dans la nuit, comme nous avions l'habitude de le faire, que nous arrêtâmes une stratégie qui se développait à partir d'une double conviction que nous partagions.

1. *Cette bière devait avoir une histoire,* des racines, une légende. Elle ne devait pas apparaître comme nouvelle, mais comme un produit ancien, que l'on découvrait ou redécouvrait.

2. *Elle ne pouvait pas être française,* car autant la

France est indiscutablement le pays leader du vin, autant elle se classe, pour la bière, surtout pour une ambrée, derrière les pays anglo-saxons.

Il faudrait donc convaincre Pelforth de trouver un brasseur dans ces zones-là. Et de conclure un accord avec lui. Sous quelle forme ? Deux éventualités nous paraissaient possibles.

Soit Pelforth importerait une bière ambrée proche de l'India Pale Ale, soit Pelforth achèterait une licence, un « know how », et brasserait, en France, une authentique bière rousse.

De toute manière, il faudrait que Pelforth renonce au nom d'India Pale Ale, et renonce à apparaître comme le père, l'inventeur d'une nouvelle bière.

Plus nous avancions dans notre démarche, plus son audace, sa folie « contrôlée », nous paraissait la seule solution capable de déclencher un grand succès. Mais j'avais beau avoir été impressionné par l'analyse brillante de Bernard Rius, je me disais que demander à des brasseurs du nord de la France - aristocratie jalouse de ses traditions - d'abdiquer en faveur d'une marque étrangère inconnue, ne serait pas une entreprise facile.

Nous risquions une négation outrée. Un refus pur et simple. Pourtant Rius m'avait précisé que « sans une approche très originale du problème, sans une image fortement différenciée, une nouvelle bière n'avait aucune chance ».

L'Irlande était vierge.

Partagés entre l'espoir et le doute, nous décidâmes d'affiner encore notre démarche. Jean-René Ruttinger insistait beaucoup sur l'Irlande dont il avait eu un aperçu à l'occasion d'un festival de films publicitaires à Cork, auquel il avait participé en tant que juré. Séduit par la beauté sauvage des paysages d'Irlande et la gentillesse de ses habitants, il rêvait, depuis, de trouver un moyen d'associer l'Irlande à ses activités professionnelles : tournages de films, prises de vues. Et puis, argument décisif, l'Irlande était « vierge » de tout lien publicitaire avec un produit.

Comme, à Bruxelles, mon partenaire Maurice Frydman connaissait bien la bière et ses marchés (il conseillait le directeur du marketing de Bass [1]), je lui demandai d'organiser un déjeuner-interview avec son client.

Waterloo, morne plaine...

Était-ce la proximité de Waterloo ? Quoi qu'il en soit, le directeur de marketing de la bière Bass rejeta tout net mon projet de chercher en Angleterre une licence de fabrication. Et pourquoi ?

Parce que, me dit-il, j'ai fait des études sur les Français et les bières anglaises. D'abord, ils n'ont que rarement l'occasion de les apprécier. Ensuite, entre la coupe et la lèvre, entre les Anglais et les Français, il y a des souvenirs : Jeanne d'Arc et Waterloo !

— Vous exagérez !

— Ne riez pas : je voudrais bien faire entrer la bière Bass en France mais j'ai bien des raisons d'hésiter [2].

De retour à Paris, je rapportai cet entretien à Jean-René.

— Vous voyez bien, l'Irlande est le seul choix possible. Bien sûr, il y a l'Écosse, mais nous risquerions une confusion avec le scotch.

1. Une bière anglaise presque rousse.
2. De fait, quelques années plus tard, Bass tenta, sans succès, une percée en France.

Trois semaines plus tard, je rencontrai à nouveau Bernard Rius et son collaborateur Charley Jonville et lui expliquai notre thèse. Rius écouta sans broncher. Je le devinai étonné, intéressé aussi.

A la fin de mon exposé, il me dit que ma démarche était d'une nature telle qu'elle lui demandait une certaine réflexion. Et nous nous quittâmes, sans qu'il ait laissé percer ses réactions profondes. La réflexion de Rius dura plusieurs mois. Et je dois dire que plus le temps passait, plus je doutais si l'issue en serait positive. Mais Bernard Rius revint. Très sport, il déclara que notre démarche était probablement la bonne. Il eut l'élégance et l'ironie de m'avouer que les cinq autres agences consultées à propos de la pertinence d'India Pale Ale n'avaient pas émis les moindres réserves...

Il n'hésita pas à rendre hommage à mes réticences et, tout de go, en pragmatique qu'il est, me mit au défi :

— D'accord, on renonce à l'India Pale Ale, on renonce à la bouteille initialement prévue, on renonce à tout ! Mais que fait-on ? Car, maintenant, le temps presse. Il faut qu'elle coule, la rousse !

Pour Jean-René Ruttinger et pour moi, la réponse était déjà toute trouvée : nous avions disposé de six mois pour méditer sur les avantages de l'Irlande.

— Vous me demandez, Bernard, qu'est-ce qu'on fait ? Vous faites le tour de l'Irlande. Vous prenez contact avec des brasseurs de taille moyenne. Et vous leur demandez combien coûte le secret, la recette, la licence d'exploitation de la meilleure bière rousse qui soit. Vous n'achetez pas seulement un savoir-faire, que vous avez déjà, vous achetez un territoire, une histoire, un passé authentiques. Et, si possible, un homme qui existe.

La décision fut prise dans l'heure.

La décision de Bernard Rius fut prise dans l'heure : le lendemain, son adjoint Charley Jonville décollait pour Dublin. Six jours plus tard, Charley, qui avait fait en Irlande un travail de recherche titanesque, appelle Jean-René.

— Je crois avoir trouvé quelqu'un d'intéressant. J'aimerais avoir votre avis. Pouvez-vous venir tout de suite ?

Le soir même, Jean-René Ruttinger prend l'avion pour Dublin. Le lendemain, il rencontre *George William Lett* dans sa petite ville d'Enniscorthy, à 100 miles au sud de Dublin.

Il chasse le renard à cheval avec ses cinq chiens...

Georges William Lett est un homme « vrai », un homme tranquille, à la John Ford. Ancien capitaine d'équipe de rugby, il pêche le saumon et chasse le renard à cheval, avec ses cinq chiens.

Quand on lui parle de la France, qu'il ne connaît pas encore, un grand sourire éclaire son visage et sa barbe rousse - car elle est rousse ! - pétille d'allégresse. Il goûte l'India Pale Ale dont Charley Jonville a emporté quelques bouteilles. Il la fait goûter à sa femme, à Douglas son fils, à son frère Jack. Et c'est le miracle ! Cette bière ressemble comme deux gouttes de bière à celle qu'il brassait en fermentation haute - comme Pelforth - il y a encore vingt ans.

George William Lett appartient en effet à une famille de brasseurs établis dans le comté de Wexford depuis 1824.

Vers 1953, accablé sous la pression de grands groupes brassicoles (notamment Guinness), il est obligé de renoncer à la fabrication de sa bière locale. Une superbe rousse. Mais il avait eu l'instinct de garder sa licence de brasseur. Quelle chance pour Pelforth !

Et quelle chance aussi pour George William Lett. Il allait pouvoir signer de son nom une bière rousse, une vraie, libre de vivre sa vie en France. Elle serait brassée à Lille selon sa recette exclusive. Elle s'appellerait *George Killian's.* Pourquoi ?

— Parce que William est attribué à des alcools.

— Parce que George William Lett... c'est trop long, ça ne tient pas sur la collerette d'une bouteille de bière.

— Parce que Killian, en irlandais, veut dire, je crois, chevalier. Et que, de toute manière, le mot sonne mieux que William, trop lié à l'imagerie britannique.

Sans jouer les vedettes, George Killian signa avec plaisir un contrat par lequel il cédait son savoir-faire et son nom comprimé. Il écrivit également une recette spéciale pour Pelforth. Il s'engageait aussi, moyennant modalités, à se rendre à toutes invitations relatives au tournage de films, de prises de vues, interviews, ou bien encore à l'inauguration de brasseries portant sa marque.

Rousse, forte, belle et douce...

Et coule et coule à flots la glorieuse bière rousse, forte, belle et douce !

Tout cela se passait en 1973. Le temps de mettre la dernière main à la recette de George Killian, le temps que l'agence dessine une bouteille en s'inspirant de la tradition des William Lett, le temps que les verriers livrent 8 millions de bouteilles pour débuter, le temps de mesurer sur un marché-test (le Sud-Ouest) l'accueil réservé à la rousse, et nous voilà en 1975.

Le test est très encourageant. Les interviewés ne

sont pas choqués d'apprendre que Pelforth interprète et respecte une bière rousse signée George Killian. Ils ont confiance en Pelforth dont l'image est associée à la bière brune. Pourquoi pas en Pelforth proposant une rousse ?

Un marché-test, c'est un microcosme. Qu'attendre du macrocosme qu'est la France entière ? L'espérance de Pelforth était de l'ordre de 8 millions de petites rousses contenant 25 centilitres.

Par la radio et la presse magazines, en dépit d'une force de vente assez peu motivée (les vendeurs ne comprenaient pas ce recours à George Killian ; cela choquait leur conviction qu'une grande bière ne peut être brassée qu'à Lille), c'est 16 millions de petites rousses qui glissèrent sur le palais des Français ! C'était en 1976.

L'année suivante, Pelforth estima qu'il n'était pas impossible d'en vendre 28 millions. En réalité, nous en étions à 32 millions en cette fin d'année-là. De l'avis des experts européens, jamais on n'avait vu un tel succès pour une bière si marginale.

La rousse de Pelforth méritait cette percée. Mais elle n'a été possible et durable (aujourd'hui il s'agit de 40 millions de rousses) qu'en raison d'un atout et d'un tout : la barbe de George Killian, une barbe rousse, et des yeux de braise attisés par le souffle de la publicité !

Mais ce n'est pas fini ! Le directeur de l'Office du tourisme irlandais à Paris, reconnaissant de cette incitation induite à visiter l'Irlande, appela directement Jean-René pour le remercier et lui proposa d'appeler « Saint-Killian » son nouveau ferry-boat. Le baptême du bateau eut lieu au Havre et, bien sûr, la George Killian's coula à flots. Depuis, le Saint-Killian vogue avec bonheur de la côte française à la côte irlandaise et, plus précisément, jusqu'au port de « Rosslare », à dix miles au sud d'Enniscorthy, fief de George Killian.

Mais ce n'est pas tout ! Il y a quatre ans, Bernard Rius et Charley Jonville persuadèrent Coors, le grand brasseur de l'Ouest américain, de s'intéresser à la bière George Killian's. Ils réussirent alors ce tour de force : vendre outre-Atlantique une idée marketing et l'accomplissement d'une stratégie, d'une création publicitaire. Pour chaque bouteille de bière George Killian's vendue aux USA (et brassée par Coors), Pelforth et George Killian perçoivent des royalties... Comme quoi, quand on a des idées, on peut avoir des dollars...

Ils réussirent ce tour de force, vendre aux USA une bière française. Enfin, irlando-française...

A propos de notre création pour la bière George Killian's, je dirai simplement - pour clore ce sujet qui me tient particulièrement à cœur - que les campagnes George Killian's ont été parmi les plus primées de l'agence. Prix Stratégies, Grand Prix Clio, Hit Parade Radio, Prix des producteurs, des publicitaires, des annonceurs, des consommateurs, meilleur score Ipsos : les récompenses ont jalonné régulièrement le travail que nous avons accompli. Résultat mérité quand on sait qu'à ce jour, Jean-René Ruttinger a élaboré plus de cent messages radio, allant parfois jusqu'à remanier des dizaines de fois le même texte.

En voici un, justement intitulé :
« *La taverne irlandaise* »
En Irlande, quand on a des poings, on s'en sert !
Allez ! Vas-y Oliver !
Alors, les coups, ça part :
On en donne et on en reçoit !

Et pan, dans la bedaine d'Aberlaine !

Ça pleut, ça sonne et patatras !
Et vlan, dans le nez du grand Jack !
Et pan, dans la bedaine d'Aberlaine !
Mais en Irlande,
Comme on a le cœur gros comme ça,
Après le pugilat,
On s'embrasse tous.
Et on boit de la bière rousse.
De la bière rousse comme la bière
de *George Killian,*
Du gentleman-brasseur irlandais *George Killian.*
Car la bière rousse de *George Killian,*
La glorieuse bière rousse de *George Killian,*
Elle aussi, Monsieur, elle a un cœur gros
comme ça.

Note : conquise par le « look » de nos annonces et l'authenticité du personnage, la Deotara, société italienne de confection de vêtements masculins, a conclu récemment un accord avec Pelforth pour utiliser le nom et le personnage de George Killian pour le lancement d'une ligne irlandaise sport.

1

2

1. **Il y a des produits** qui parlent d'eux-mêmes. Leurs symboles surpassent les hyperboles. Alors, peu de mots suffisent.

2. **Truculence,** profusion, bière rousse, bras de fer. Toute l'histoire du gentleman-brasseur en une photo et six lignes...

En 1902, Gallé, amateur de champagne, imagina ce magnum que Perrier-Jouët reproduit en édition limitée pour célébrer son Belle Epoque 1971.

D'abord le boire des yeux

Voici dix ans, me promenant dans les caves de Perrier-Jouët, j'ai été ébloui par un magnum qui avait échappé à deux guerres.

« Avouez, me dit le chef de cave, que ce serait merveilleux de pouvoir, de nos jours, reproduire, faire revivre ce chef-d'œuvre de Gallé. »

J'ai aussitôt lancé un défi : le tout est de savoir si Perrier-Jouët pourra élever un champagne à la hauteur de ce magnum.

L'homme tranquille a souri. Voici sa réponse : le « Belle Epoque » 1971, élevé pendant 5 ans ; il est remarquable en bouteille ; mais c'est en magnum qu'il atteint son sommet.

Perrier-Jouët a réussi là une « grande première » qui marquera une date dans l'histoire du champagne.

Pierre LEMONNIER

1. **Il est communément** admis que certains champagnes sont si grands qu'il est petit d'en parler. Toute ma nature se réjouit d'affronter ce défi.

2. **La nostalgie** et la mémoire collective sont parfois plus efficaces que le futurisme.

A 140, on ne s'ennuie pas...

La petite Ferrari 308 et la limitation de vitesse

par Pierre Lemonnier

Déjà, il y a dix ans, lorsque j'ai acheté ma première Ferrari (un coupé 250 GT Lusso), j'ai pu faire le compte de mes «amis».

Il m'a suffi de regarder et d'écouter. C'était une 3 litres. Je l'observais depuis plusieurs mois. L'idée de la posséder me donnait le courage de me lever chaque jour à 6 h 30 et d'écrire jusqu'à des heures avancées de la nuit.

Je ne me sentais pas aliéné d'être stimulé par un objet. Elle était la meilleure dans sa cylindrée et moi, je me préparais à être le meilleur dans ma catégorie. Nous allions bien ensemble.

A l'époque, la vitesse n'était pas limitée. Ça n'empêchait pas quelques jaunis, plus assis que ceux de Rimbaud, de me dire d'un air doucereux : « Entre nous, ça vous sert à quoi une Ferrari qui marche à 240 puisqu'on ne peut plus avancer? ».

Maintenant voilà que ces agressifs rentrés ont la loi Messmer pour eux. Si, pour tester leur réaction, je leur dis que, dimanche dernier, j'ai roulé à 265 au volant de la petite Ferrari 308, avant même de savoir si c'était sur un circuit, je les sens prêts à me dénoncer.

Et pourtant, des Ferrari, ils pourraient s'en payer dix, s'ils voulaient. Ils en meurent d'envie. Mais blocage. J'ai observé que le refoulement allait bien avec les comptes bloqués. Et que la joie de vivre allait mieux avec le compteur qu'on bloque.

Et les radars ?

Maintenant, les voilà donc justiciers et menaçants : « Et les radars ? Comment vous faites avec les radars ? C'est le retrait de permis. A votre place, je... ».

Personne ne peut se mettre à la place d'un possesseur de Ferrari 308.

Quand on l'a en main, Messmer on ne lui en veut même plus. La chanson du légionnaire est couverte par une symphonie en 8 cylindres. On ne se demande même pas si Giscard sera d'accord pour l'ouverture des carburateurs.

On ne regrette rien et l'on n'espère pas : on vit chaque passage de vitesse, chaque montée en régime comme un prisonnier politique savoure chaque bouffée d'une cigarette interdite.

Avec la petite Ferrari, ne pas dépasser le 60 dans le Bois de Boulogne, à minuit, quand on sait qu'« ils » sont là, avec
radars, à deux pas des travestis qui drag
qu'est-ce que ça peut faire puisqu'en se
tout est en ordre, comme disent les S
Mais quel beau bruit!

90 sur les petites routes, cela si
4500 tours en troisième. Un rêve. S
en montagne. Car personne ne vous in
de passer à 90 en Ferrari là où vous so
de la route avec une familiale lancée
Comme quoi la limitation de vitesse au
des exploits sans limites. La loi, pa
c'est la joie.

« Et sur les autoroutes? Comment
faites, à 140 sur les autoroutes? Ça do
d'un ennui mortel, non? » C'est vra
l'ennui tuera plus de familles endo
qu'autrefois la vitesse. Mais l'enn
démocratique et c'est ce qui compte.
le monde à gauche. La file de droit
symboliquement, libre...

Reste qu'à 140, en Ferrari 308,
s'ennuie pas : on a le choix entre la q
me à 5800 tours et la cinquième à
tours. Si on décide d'envoyer la savate
sauter à 6500, c'est presque « le pied

Orgasme à Baden-Baden ?

Le coup dans les reins, l'amorce de
gasme ferrarien commence en effet v
6000 tours et s'accomplit en cinquiè
7600. Alors, c'est 260 garantis. Photo
en prime ? Peut-être. Mais l'Alle
n'est pas loin. Pourquoi, puisque
tout est permis, ne pas en profiter po
couvrir ou redécouvrir Baden-Baden,
Français sont si bien accueillis.

Au retour, l'auberge des frères Hae
vaut le détour (téléphone 47.83.23...

Paradoxe écarté, la petite 308 s'a
mode très bien de la limitation des vi
L'embrayage est phénoménal. C'est l
direct qui existe. Il jette la Ferrari en
C'est comme à moto. Sauf qu'à mo
décolle, alors qu'avec la 308 on est p

De telle sorte que de 800 à 8000 to
petite Ferrari passe du soupir prom
au chant aigu, du rire au cri. Et cel
jamais laisser le moindre doute sur la
rité de ses réactions. On dit que les fe
truquent. La Ferrari 308, jamais. Vou
vez la prendre légitimement sous les
des gendarmes : ou bien, la nuit, sa
moins. Peu importe : elle ne déçoit pa

C'en est même gênant pour Charles
On peut en effet se demander si la petit
qui ne coûte pas tout à fait 100 000 F,
pas freiner les ventes des grosses F
dont le prix s'approche du double.
voir que ce n'est pas si simple...

La Ferrari 308 n'a pas que des qu
En réalité, si le moteur est signé Ferr
carrosserie est marquée Dino. Le p
tellement tiré qu'on a l'impression qu

ans les 8 cylindres et pas dans la fini-

:rtes, l'habitacle est irréprochable. Mais dire du capot en aluminium ? Il ne :ferme pas automatiquement. Il faut ord déverrouiller un ridicule petit et.

Des progrès attendus

nt au coffre arrière, mieux vaudrait ne en parler. Non qu'il soit trop petit : il mériter cette critique ; mais ce serait

'ous les instruments à portée d'un doigt

te dans la mesure où les deux places re permettent de loger de quoi partir un mois.

y a tout simplement que le coffre arrière ıne super cocotte SEB. Vous mettez ot-au-feu en quittant l'Etoile : je vous ıtis qu'il est cuit en arrivant à Asnières. ard n'aurait pas fait mieux quand il dans le quartier!

est le problème du moteur dans le dos. quel moteur! Je l'ai tellement voulu le dos, j'ai tellement insisté avec Char- 'ozzi et Daniel Marin pour qu'un jour Enzo Ferrari sorte un 3 litres en position centrale que, de le voir aujourd'hui tel qu'il est, avec ses 255 chevaux DIN, me fait considérer les problèmes d'intendance comme vraiment mineurs.

Honnêtement, ce n'est pas une 4 places. Mais c'est une très, très généreuse 2 + 2. Avec beaucoup de petits emplacements pour tout : les enfants à l'arrière et des niches plus qu'il n'en faut pour loger des tas de bricoles.

Le pare-soleil rabattu déçoit les femmes : pas de miroir. Celui-ci est placé dans la boîte de lecture des cartes routières. Astuce intéressante : on peut l'enlever, le prendre en main, se maquiller avec précision et le reposer.

Le tableau de bord est génial : à moins d'une longueur de doigt, on a tous les instruments. La nuit, les commandes sont illuminées d'un vert qui rappelle celui des Rolls S1 et S2.

Par tout ce qu'elle apporte d'adaptation au rythme de la circulation, c'est la voiture de l'année.

Conclusion

Elle conviendra à des hommes mariés qui se voyaient reprocher des goûts intempestifs de célibataires lorsqu'ils rêvaient de l'ancienne Dino 2 places.

Très giscardienne, elle accomplit volontairement, sans aucun regret, des réformes qui s'imposaient.

On a vu que son prix était lui-même « très fiscal » : moins de 100 000 F. C'était déjà ce qu'il en coûtait en 1968 pour avoir une Ferrari moins douée.

Charles Pozzi - Importateur exclusif Ferrari - 10, boulevard Gouvion-Saint-Cyr, Paris 17e. Tél. 754.91.64.

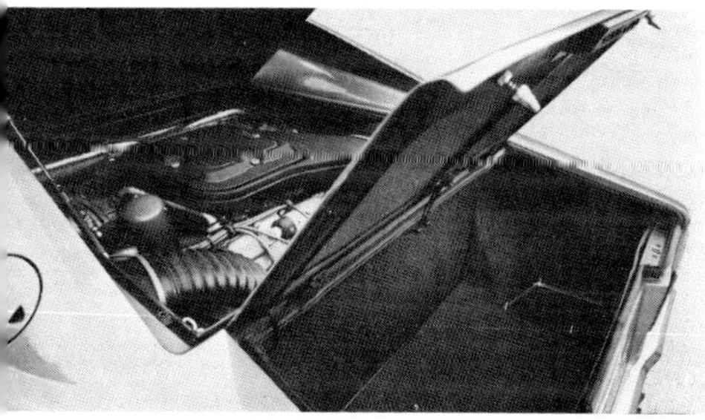

Impact

Derrière l'habitacle, le moteur central. Et le coffre, qui chauffe un peu trop...

1974. Charles Pozzi a été le premier de mes clients à admettre que, sans critiques, le lecteur ne peut que douter des éloges, si fondés soient-ils.

Son associé, Daniel Marin, pourtant chaleureux à mon égard, s'est demandé qui lirait ces six colonnes insolentes.

Le score a atteint un sommet : 74 % des lecteurs pouvaient prouver leur attention du début à la fin.

1

7F

C'est un Produit libre

A première vue que peut-on dire de ce collant ? Qu'il est très fin sans doute puisqu'on le soupçonne à peine sur l'image... Son prix - 7 F* - n'est pas mal non plus. Mais il s'agit d'un Produit libre. Avouons aussi qu'il est très bien porté. Reste à savoir s'il a des chances de l'être beaucoup. Et là, les impressions ne suffisent pas.

Le collant vainqueur des tests

17 décitex, soit 15 deniers de finesse de fibre ? Aucun doute, il s'agit d'un collant catégorie « très fin ». Maille 100 % polyamide ? Tant mieux pour l'élasticité et la tenue aux lavages. Slip panty 30 deniers à tricotage asymétrique ? On a pensé aussi solidité. Et prévu 4 coloris** et 3 tailles différentes faciles à choisir grâce au tableau figurant au dos de chaque boîte.

Si l'on ajoute que, pour le réussir, les hommes de Carrefour ont travaillé avec le premier fabricant français... et si l'on connaît les prix Carrefour, doit-on vraiment s'étonner que ce collant Produit libre ait obtenu le meilleur rapport qualité/prix, ex-æquo, au banc d'essai d'une association de consommateurs ?

**Autres modèles : collant fin 16 deniers (5,60 F et 7,20 F). Collant mousse 20 deniers (3,60 F). Prix au 1/08/84. **Un 5e coloris sortira en octobre.*

Carrefour

2

Le bricolage chez Carrefour

Deux choses qui m'ont bien aidé...

« Pour bricoler, chacun sa méthode ? Peut-être. Moi je sais qu'il y a deux choses qui m'ont bien aidé.

Un : commencer par se faire son coin à soi, dans la maison ou l'appartement. Un peu comme un peintre installe son atelier. Pas forcément gigantesque, mais toujours à pied d'œuvre. Sans avoir à passer une heure à déballer les outils (et autant pour les ranger).

Deux : repérer le magasin Carrefour le plus proche et aller fouiner tranquillement au rayon bricolage, un soir de la semaine ou un samedi matin...

...Maintenant vous faites comme vous voulez. »

Le rayon bricolage de Carrefour présente toute la panoplie de l'outillage à main et électrique, les perceuses intégrales, les scies sauteuses, les ponceuses... des plus grandes marques. Et aussi tous les accessoires et le matériel pour réussir soi-même le travail du bois, l'électricité, la maçonnerie, la plomberie. Comme un professionnel... et à des prix Carrefour.

Carrefour

3

1. **Un collant** est un collant ? Un collant Carrefour en vaut-il un autre ? Si vous en doutez, photo et texte sont là pour vous convaincre.
2. **Si un bricoleur** peut se dire : « Ils me voient comme je suis », il y a de grandes chances qu'il lira.
3. **Une des annonces** dont je suis fier : elle illustre que Carrefour vibre avec ses clients. Le coefficient de sympathie de Carrefour a monté de 66 %.

Voici Verlande...

En liberté...

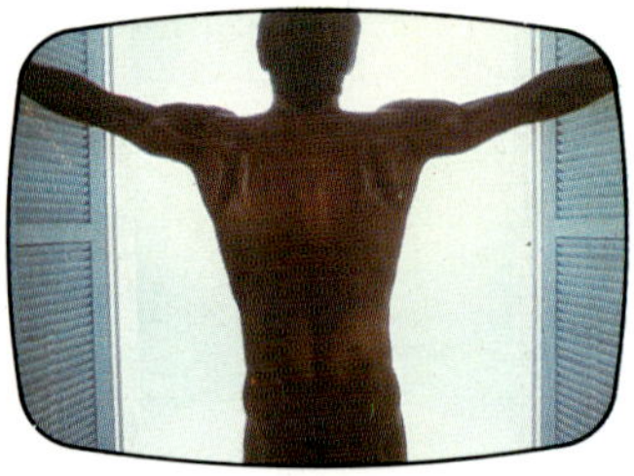

Présence d'un homme,

matin d'été...

Voici Verlande...

Verte fraîcheur...

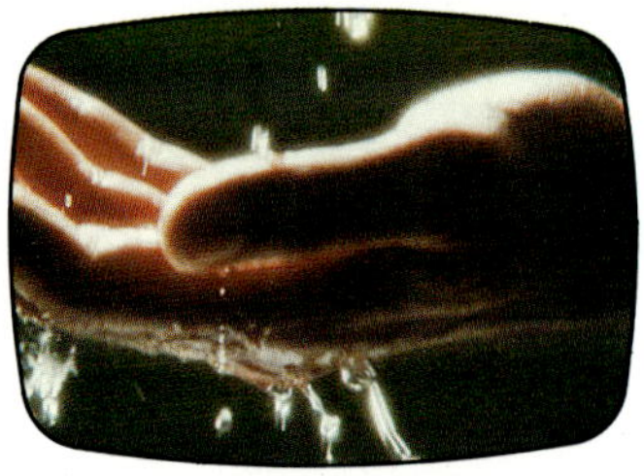

Verte senteur...

Verlande mystère...

Verlande passion...

Voici Verlande horizon vert...

Pour tous les hommes en libe

XVI. Comment trouver des idées ?

Il ne faut pas confondre stratégie et idées. Stratégie implique une volonté bien calculée d'occuper une position et de s'y tenir aussi longtemps que possible ; stratégie implique aussi d'occuper une autre position si, le temps passant, la précédente n'a plus aucun intérêt.

Stratégie de communication signifie déposer - par tous les moyens possibles - le même credo dans les esprits aussi longtemps que ce credo sera introjecté, c'est-à-dire incorporé avec bénéfice pour le consommateur et l'annonceur.

Exemple : d'après ce que j'ai pu savoir, il y a vingt-cinq ans, Marlboro était perçue comme une cigarette anodine et plutôt féminine. *La stratégie de Leo Burnett fut de la repositionner comme une cigarette virile.* En espérant qu'il y aurait non seulement des hommes pour l'adopter, mais aussi quelques femmes pour rejoindre le cortège.

L'idée fut la saga des cow-boys. Avec, en arrière-pensée, je suppose, que ce qui est né et fumé dans les grands espaces ne peut pas faire du mal. C'est cette même démarche qui a si longtemps réussi à la

Le soir, des femmes esseulées au sortir d'un passage à la sacristie...

Grande Chartreuse, qui est réellement élaborée par des chartreux : ce que Dieu inspire ne peut que faire du bien. Et c'est ainsi que, le soir, des femmes esseulées au sortir d'un passage à la sacristie se glissent dans le gosier deux ou trois petits verres. Depuis quelques années, les ventes stagnent ou chutent car les pères chartreux ne tolèrent plus que la publicité fasse référence à un aspect alambiqué de leur vie recluse.

Leo Burnett a sans doute aussi considéré qu'une cigarette ne donne pas seulement une certaine contenance (encore que ce ne soit le cas pour certaines femmes qui fument deux à trois cigarettes et seulement dans des réceptions) ; une cigarette est aussi une détente au même titre qu'une bière ou un whisky.

L'effort produit par un cow-boy aux prises avec les éléments et les animaux qu'il discipline rend légitime la récompense qu'il s'accorde. Après une longue descente à skis - malgré les campagnes antitabac - j'observe que beaucoup de grands skieurs éprouvent un apaisement gratifiant par le fait « d'en griller une ». La stratégie de Leo Burnett n'avait rien d'original. Mais son idée s'est avérée la plus phénoménale des vingt-cinq dernières années. Elle a fait de Marlboro la cigarette la plus vendue dans le monde.

J'ai essayé, moi aussi, de viriliser une cigarette dont l'image était très féminine. A tel point que, pour certains machos, son nom de code était... Tampax ! Il est vrai que la caractéristique d'une cigarette Kent est d'être blanche d'un bout à l'autre, filtre compris. Ma stratégie était d'aménager doucement cette image en démontrant que la réalité est autrement plus virile.

L'idée - provisoire et vous allez voir pourquoi - consistait à photographier un paquet de Kent posé sur un bureau très chic où se trouvaient négligemment répartis boîtes à tabac, deux pipes, cendriers, livres, dossiers...

J'expliquai à mes collaborateurs qu'un fumeur de pipe est le symbole même de l'homme sûr de lui, prudent néanmoins puisqu'il tient la fumée à distance. Ce qu'il aime, c'est un goût puissant. Tout le monde trouva cela génial. J'ajoutai que s'il fume des Kent pour changer un peu, c'est bien la preuve que les Kent ont du goût. Approbation générale. Oui, mais le titre ? Sans hésiter, et sans penser à mal, je lançai ce titre court qui procédait par induction : *« Entre deux pipes, une Kent ! »*

Tout le monde ne fréquente pas la Porte Dauphine en Ferrari décapotable !

Ce n'est qu'au bout d'une semaine, alors que les maquettes étaient terminées, qu'une rédactrice très féminine (féministe ?) m'interrogea :

— Pierre, vous ne croyez pas que vous y allez un peu fort ? Tout le monde ne fréquente pas la Porte Dauphine.

Que voulez-vous, n'est pas Leo Burnett le premier rédacteur venu... En revanche, nous sommes tous des consommateurs et nous sommes tous un peu comme des papillons : nos désirs flottent dans l'air sans bien savoir exactement sur quoi ils se poseront et sans être sûrs qu'ils se fixeront là où ils ont été attirés.

Une idée lumineuse attire. Une grande idée nous fixe ; et, alors, notre désir pour une marque, pour un produit, pour un service, peut nous tarauder jusqu'à devenir pour nous *une idée fixe !*

Le grand amour, c'est lorsque l'on croit que l'aimée est unique. Ainsi d'une grande idée : elle fait oublier les autres. *Point n'est besoin qu'elle soit aveuglante : il suffit qu'elle fasse de l'ombre à celle des concurrents.*

Y a-t-il des circonstances, des mises en condition qui favorisent la surrection des idées ? Sans nul doute, mais chacun son tempérament, chacun son heure, chacun son automanipulation.

Pour certains, neuf heures de sommeil sont une nécessité ; d'autres ne sont jamais aussi brillants qu'en arrivant au bureau avec le nœud papillon qu'ils ont porté dans une boîte toute la nuit. Personnellement, je ne suis jamais aussi en forme que si je me suis couché vers les 23 heures et si j'ai joué au tennis entre 8 et 9.

Le tennis développe les réflexes, défoule les nerfs. Je tape la balle quatre fois par semaine et je suis sûr que ce n'est pas du temps perdu ; j'ai cette conviction : *un publicitaire doit être un animal et veiller à stimuler son animalité.*

Ce qui compte, c'est de fluidifier l'élan vital.

Le sport est une voie, à condition, selon moi, d'éviter la compétition qui crispe et tue la spontanéité. L'amour en est une autre ; les deux ne sont pas incompatibles. Ce qui compte, c'est de fluidifier l'élan vital qui est en chacun de nous. L'élan vital s'entretient de mille façons. L'essentiel est d'agir et de réagir, car nous sommes tous assaillis par des phénomènes éprouvants dont les dernières nouvelles du jour et de la veille ne sont pas les moindres.

Beaucoup de créatifs semblent trouver de bonnes inspirations en visionnant chaque semaine plusieurs films. Je ne fonctionne pas à cette cadence, loin de là, je préfère lire, mais je crois que le cinéma ouvre l'esprit, nous sort de nous-mêmes pour entrer dans le vécu d'autres civilisations, d'autres mœurs, d'autres situations que celles qui nous sont familières.

Intraception : un mot qui sera bientôt dans le dictionnaire.

Bref, le cinéma développe l'empathie. Il incite à éprouver, à ressentir, et favorise l'intraception, phénomène par lequel « nous sommes dans les autres ». Comment être publicitaire sans cette faculté quand on découvre qu'en 1983 [1] :

- 87 % des Français sont capables de s'entendre avec des gens qui ont des opinions opposées aux leurs ;
- 51 % ont l'impression (bien sûr ce n'est qu'une impression, mais...) de comprendre l'intérieur de la vie et les événements autour d'eux ;
- 61 %, qui n'ont pas d'opinions claires sur un sujet, se sentent aptes à sentir les choses et les événements ;
- 58 % cherchent à comprendre les autres plutôt qu'à les juger ;
- 48 % aiment à se mettre à la place des autres, à imaginer ce qu'ils auraient ressenti dans leur situation.

Si vous voulez imposer vos manipulations à ces gens-là, bonne chance ! Car ce qu'ils comprennent des autres, ils le comprendront venant de vous : votre message sera décodé par plus de 60 % des Français, c'est beaucoup.

La méthode du brain-storming a connu de belles heures théoriques. En pratique, elle consistait à travailler en groupe et à déballer tout ce qui passait par la tête des intervenants. La règle était qu'il est interdit d'interdire. On attendait des merveilles de ces orages désirés ; en réalité, mon sentiment est que ne furent commises que des peccadilles, des

1. Source Cofremca « Socio-culture, politique et société ».

Éviter que les timides soient débordés par des acrobates du verbe.

pacotilles, des verroteries et jamais des diamants. Dommage.

Personnellement, je crois au travail d'un groupe d'accord sur une stratégie, parfaitement au courant du contexte psychologique et aussi des forces concurrentes en présence. Dans ces conditions, à l'agence Impact, nous obtenons des résultats que, ni les uns ni les autres, nous ne soupçonnions en entrant en séance. Les séances ne durent guère plus de deux heures. Après, la fatigue s'installe et c'est le pathos. En cas d'échec, nous attendons quelques jours et nous nous retrouvons.

Le groupe est limité à quatre ou cinq personnes qui connaissent bien le problème à résoudre. Le groupe est composé d'un homme de marketing assisté d'une coordinatrice qui recueille les réactions et qui, bien sûr, peut intervenir selon son gré. Les autres ? Un copy-writer, un art-director et moi.

Mon rôle est double : écouter et ramener les réactions vers la stratégie qui a fait, initialement, l'objet d'un consensus. J'ai le droit, comme ceux qui sont présents, d'avoir des idées, mais je veille à ne pas abuser de mon expérience pour les imposer. Ma préoccupation fondamentale est d'éviter que des timides soient débordés par des tribuns ou des acrobates du verbe. Cette préoccupation est capitale car, comme me disait Savignac : « Si je savais parler, je ne dessinerais pas ! ». De fait, souvent, les meilleurs directeurs artistiques ne pensent qu'en crayonnant.

Les concepteurs-rédacteurs ont la parole plus facile, mais pas tous. J'en ai connu un qui ne supportait pas ces séances et qui, le lendemain, surgissait avec une idée qui ridiculisait ce qui avait été entériné. Il était tellement bon qu'il nous a quittés ! Mais il m'a confié, dix ans après, qu'il ne s'était pas consolé d'avoir rompu avec nos séances d'accouchement des idées : seul, il se sentait perdu.

Je ne suis pas certain que ce travail en petits groupes dispense chacun des participants de remettre en question le lendemain ce qui, à l'unanimité, a été la veille considéré comme la meilleure solution à un problème clairement exposé. Je suis même sûr du contraire, à de rares exceptions près.

En revanche, j'ai une certitude : ces réunions permettent des confrontations très franches, très directes entre « commerciaux » et « créatifs ». Si un commercial est d'accord sur la piste que propose un copy-writer ou un art-director, il ne pourra pas dire ensuite : « Comme d'habitude, je suis allé à l'abattoir. Je l'avais bien dit : tant qu'on aura des créatifs qui n'en font qu'à leur tête, on continuera à se faire jeter ».

Il a encore baissé son froc !

Et si les créatifs ont un accord sans réserve venant des commerciaux, ils ne peuvent pas, en cas d'échec, courir dans les couloirs pour conclure : « Géniale la campagne, mais ce portemanteau, ce traîne-serviette, ce commercial de mes fesses a encore baissé son froc ! ».

De ces campagnes géniales qui ne voient jamais le jour - à tort ou à raison - nous disons, dans notre jargon, « qu'elles restent dans les cartons ». C'est fou ce qu'il y a de cartons dans une agence de publicité, mais pas chez Impact.

A propos de cartons, cela me rappelle une rencontre qui a marqué mon évolution. J'avais rendez-vous aux Champs Élysées, chez Publicis. A l'étage présidentiel, Marcel Bleustein-Blanchet invitait une

Puis, lion magnanime, il nous présenta David Ogilvy.

huitaine de publicitaires réputés pour leurs exploits : il s'agissait de les prier à déjeuner pour leur présenter David Ogilvy avec qui il venait de conclure un accord souple (qui s'est avéré temporaire). L'honneur m'était rigolard et grand d'être là à trente-huit ans.

B.B. laissa passer les hors-d'œuvre et les regards jaloux que suscitait le grand David. Puis, lion magnanime, il nous le présenta sobrement.

Ogilvy comprend et parle mieux le français qu'il ne le laisse entendre. Il parla. Peu de mots. Juste pour induire « qu'une grande campagne, c'est une campagne qui devra durer ; pour qu'elle dure, il faut d'abord qu'un annonceur l'achète, ce qui n'est pas une mince affaire ; ensuite, il faut que le client (l'annonceur, celui qui paie) constate, au fil des années, qu'il a acheté une poule aux œufs d'or. Alors pourquoi la tuer avant l'heure ? ».

Applaudissements discrets. Toussotements courtois. Bleustein-Blanchet se voulut très français : « Nous sommes tous, ici, honorés de vous avoir parmi nous. Aucun de nous n'est allé aussi haut que vous. Mais je voudrais que vous sachiez que tous ceux qui sont ici à cette table ont, *dans leurs cartons,* des campagnes, des idées qui ne le cèdent en rien à ce qui se fait de mieux aux USA ».

J'observai la table : les grands de la publicité cessèrent de se sentir petits. C'est alors que je demandai la parole, qui me fut, bien sûr, accordée. Ce fut pour dire, en substance :

« Messieurs, David est-il invité ici pour qu'il s'entende dire que *nous en avons dans les cartons* ou bien pour que, sachant ce qu'il a réussi - et qui est prodigieux - nous cherchions à sentir pourquoi il en a tant dans le ventre ? »

Bleustein-Blanchet ne m'en voulut pas : plusieurs fois, par la suite, il m'invita en tête à tête. Quant à David Ogilvy, l'heure du cigare venue, il me coinça dans un angle de la terrasse qui donne sur l'Arc de triomphe :

— Ces gens-là sont envieux. Courage ! Je sais ce que vous faites. Nous nous reverrons !

Quelques mois plus tard, David m'invita à passer huit jours à New York. Quelle leçon ! Mais revenons aux idées et comment les aider à sortir.

- Ne rien prendre le matin sinon un café noir n'est pas recommandé.
- Ne pas déjeuner est proscrit. C'est pourtant à jeun, entre midi et quinze heures que j'ai vu surgir des idées qui ont fait leur chemin, un long chemin. J'utilise très peu le jeûne, mais c'est une façon d'être « voyant ». Et puis, après, vers 16 heures, un camembert, un coup de rouge paraissent meilleurs que, la nuit, caviar et vodka ! Encore une fois, chacun sa chronobiologie !

Maintenant, je vais vous dévoiler deux de mes plus intimes convictions.

David Ogilvy : antinomique et secret ; intuitif mais d'une logique désarmante ; généreux mais écossais, aristocrate mais d'une bouleversante animalité ; bourreau de travail mais jamais besogneux. Divo génial, il a obtenu tout ce qu'il souhaitait et même un peu plus : l'immortalité.

1. Pour trouver de grandes idées, il faut être à l'affût des plus grands déficits.

En psycho-sociologie, on appelle déficit un manque plus ou moins bien toléré. Exemples :

- Une majorité de Français évolués (ils représentent 56 % de la population) sont agacés par la piètre qualité des programmes de télévision et de radio.

Le jour où les chaînes perdront leurs maillons.

Cela ne les empêche pas de sélectionner des programmes, mais disons qu'ils estiment qu'il y a déficit : on ne leur procure pas tout ce qu'ils aimeraient. Ils ne font pas la révolution : ils s'évadent. Mais le jour où les satellites arriveront ? Si leurs programmateurs comblent les déficits, les vieilles chaînes perdront leurs maillons.

- Les garagistes sont considérés comme des brigands. Bien sûr, nous connaissons tous un garagiste honnête, serviable. Mais l'image des concessionnaires est lamentable. Il y a déficit.

Imaginons une marque d'automobiles qui construirait des engins super-fiables et qui arriverait à faire que ses concessionnaires cessent de forcer sur les pièces détachées. Un rêve ? Peut-être.

Les grandes idées passent rarement par la facilité. Peugeot s'active dans cette voie et fait figure de défricheur.

Pour trouver une grande idée de produit ou de communication, il est recommandé de procéder par révolte. Autrement dit, *observer partout ce qui est toléré mais ne comble pas. Ne pas attendre le remède, le proposer.* Exemple :

- Pourquoi suis-je le président des fondateurs de l'Institut Supérieur de Gestion, une grande école qui concurrence avec succès HEC, ESSEC, ESCP et autres véritables établissements de haut niveau ?

Parce que j'avais été déçu par l'enseignement qui m'a été délivré à l'ESSEC : trop théorique. Parce que mes copains qui avaient fait HEC trouvaient que les cours étaient « trop cerveau gauche ». Alors, en 1967, avec Pierre Dumas (le fils d'Alexandre Dumas, l'inventeur de Rubson !), j'ai fait une *liste de tous les déficits* et, en face, nous avons incrit les réformes possibles. 1967 ! Juste un an avant l'explosion de mai 1968, qui se fondait sur des déficits évidents mais, en apparence, pas assez gros pour justifier des reconsidérations.

Si vous avez une propension à vous dire : « pourquoi changer ? ils grognent un peu, mais ça fonctionne. La preuve, ils se bousculent au portillon » ; vous ne serez jamais un manager ni un publicitaire de la vague qui balaiera les déficits.

Ne dites jamais « c'est bien assez bon pour eux », *car ce qui couve compte plus que ce qui est encore toléré.* Ce que les différents publics supportent encore explosera sans prévenir. Ce sera vrai pour les produits ; ce sera encore plus vrai pour ce qui est toléré chaque matin sur Europe 1, RTL ou bien à la télévision.

Si vous méprisez la cendre qui couve, la braise vous brûlera.

Tout sautera parce que les Français sont de plus en plus intuitifs. Ils sont patients et paresseux. Mais vient un jour où, tous ensemble, sans se consulter, ils rejettent sans préavis.

Presque tous les produits actuels seront boudés à un moment ou à un autre parce qu'ils contiennent des déficits consentis. Jusqu'à quand ? Presque tous les langages devront changer parce que la plupart d'entre eux sont biaisés, manipulateurs. Notamment le langage des publicitaires.

Alors, observons les déficits et, peut-être, trouverons-nous comment les combler. *L'avenir sera aux combleurs.* Et de moins en moins aux bricoleurs par connivences.

2. Pour trouver des idées, il faut les laisser librement s'associer.

Il arrive qu'une idée ait l'air de nous tomber du ciel ; dans ces cas-là, *elle semble solitaire* alors qu'en réalité c'est la dernière d'un long cortège d'autres idées qui n'ont pas su arriver jusqu'à notre conscient ; elles ont tâtonné dans l'ombre de notre inconscient et n'ont pas pu voir le jour.

Depuis 1905, il existe un moyen d'être conscient de nos moindres enchaînements de pensées : deux ou trois fois par semaine, vous vous allongez pendant trois quarts d'heure sur un divan avec un psychanalyste derrière vous. La règle est double :

- vous devez absolument, au millième de seconde près, dire tout ce qui vous passe par la tête et *ne pas chercher à mettre de l'ordre dans l'enchaînement des mots, des pensées, des idées ;*
- le psy doit se taire.

A ce jeu-là, qui demande honnêteté scrupuleuse, silence et détente, votre vitesse d'idéation devient hallucinante. Vous n'avez plus peur des enchaînements les plus scabreux car les expériences successives vous apprennent que vous retombez très bien sur vos pieds et que vous repartez avec un moi heureux de ses pirouettes. Ce manège-là rend fou de joie le cerveau droit qui, chez beaucoup d'entre nous, est rarement à la fête.

Les idées sont aériennes et jamais statiques. Ou alors, ce sont des idées fixes.

A la recherche des idées, nous ressemblons trop à un sculpteur qui pétrit un volume. Il se trouve que les idées sont aériennes et jamais statiques : ou alors ce sont des idées fixes, donc des blocages nuisibles aux créateurs.

La bonne méthode me paraît d'écouter et d'observer *le mobile de Calder* qui est en chacun de nous : inutile de le secouer. Au moindre souffle de vent, tout devient planant, les faces s'inclinent en tous sens, et des ensembles multidimensionnels ne cessent de s'organiser, pour aussitôt disparaître, tandis que d'autres s'installent pour quelques secondes.

Les idées, dans notre cerveau, trouvent des rebonds aussi aléatoires, aussi imprévus qu'une bille qui cascaderait sur ce mobile de Calder agité par une brise légère. Aucune plaque du mobile n'est inutile même si elle a l'air inapte à bien renvoyer la bille. L'essentiel est de laisser faire.

Il se peut que la dernière idée soit folle. Qu'importe ! Si un copy-writer qui vous aime bien est là pour la recueillir et la faire repartir, il y a beaucoup de chances qu'en moins de deux heures une idée pertinente et riche sorte de la séance comme d'un chapeau.

Tout simplement parce qu'une idée qui vend, c'est toujours une idée venue d'un inconscient et qui rejoint l'inconscient collectif : archétypes qui suscitent nos désirs et orientent nos choix.

L'idée idéale n'est rien d'autre qu'une idée partagée par un maximum de personnes qui se croient uniques mais qui vivent par stéréotypie sans s'en douter le moins du monde.

L'Idée n'est qu'une idée partagée par un maximum de personnes qui se croient uniques.

L'avantage de la psychanalyse c'est, on vient de le voir, qu'elle favorise le jeu des images ; mais c'est surtout qu'elle permet de concilier *créativité, acuité et sélectivité.*

A quoi sert d'avoir des « idées » si elles sont déviantes ou bien encore si celui qui les produit ne sait pas opérer un tri ? Quelqu'un peut le faire pour lui ? Bien sûr, mais les créatifs qui n'ont pas de jugement accusent ceux qui en ont de manquer de créativité ! Alors, c'est la guerre entre stratèges, tacticiens et magiciens.

S'il y a tant de rédacteurs-concepteurs et de directeurs artistiques qui sautent d'une agence dans une autre, c'est qu'ils se croient incompris. C'est souvent vrai ; mais il est encore plus clair qu'ils n'ont aucun autojugement et c'est pourquoi ils vieillissent mal en ayant réalisé très peu de grandes campagnes. Quant aux avorteurs d'idées que sont trop souvent les hommes de marketing, où croyez-vous qu'ils finissent ? Intervenants dans des écoles qui privilégient le cerveau gauche ratiocineur et maltraitent le cerveau droit intuitif. Élèves, je vous plains.

Il y a juste un siècle de cela, voici ce que notait Nietzsche[1] : « Dans les universités, l'on se contente de faire en paroles une critique de paroles. Qu'on imagine donc un jeune cerveau, sans grande expérience de la vie, qui devra emmagasiner pêle-mêle cinquante systèmes réduits à un certain nombre de mots, et cinquante critiques de ces systèmes ! Quel désert ! Quel chaos. Quelle insulte... ».

Et encore ceci : « Notre époque n'a pas à se croire supérieure aux autres à cause de son appétit de savoir. *Chez les Grecs, tout se transformait en vie ; chez nous, tout reste à l'état de connaissances* ».

Et enfin : « Dans notre humanité actuelle, chacun reçoit de la nature l'accès à beaucoup de talents. Chacun a un talent inné, mais il n'est donné qu'à un petit nombre, par nature et par éducation, de posséder le degré de constance, de patience, d'énergie nécessaire pour devenir vraiment un talent, pour devenir ce qu'il est, c'est-à-dire le manifester en action et en œuvres ».

1. Citations empruntées au livre du docteur Louis Corman : « Nietzsche, psychologue des profondeurs », PUF.

XVII. Contre la publicité publicitaire

Le phénomène marquant des dix dernières années me paraît l'abîme qui se creuse entre les émetteurs et les récepteurs. La politique devient de plus en plus politicienne : elle émet des doctrines, des dialectiques, des arguties, des paradoxes, des contre-vérités prometteuses qui sont aussitôt démentis par les faits, les chiffres.

Tous n'en meurent pas, mais tous sont atteints.

Qu'en pensent les 2500 Français qui, chaque année, sont interviewés par la Cofremca ? Vous allez voir que les sanctions sont sévères.

En 1981, il y avait 64 % des Français qui étaient tout à fait d'accord ou assez d'accord avec cet item :

« Je me sens de plus en plus éloigné des grands partis politiques qui tournent en rond sans s'intéresser aux vrais problèmes ».

En 1983, ce n'est plus 64 %, c'est le tocsin : 72 %. Le syndicalisme ne se porte pas mieux. De plus en plus tournés vers le passé (la défense de l'emploi pour l'emploi) alors qu'il est déjà presque trop tard pour préparer les emplois du futur, acharnés contre l'industrie privée alors que les industries nationalisées atteignent des niveaux de massification qui paralysent les initiatives, attachés à tenter de prolonger la vie de secteurs condamnés, les grands syndicats ne sont pas mieux appréciés que les grands partis.

En 1981, 67 % des Français étaient tout à fait d'accord ou assez d'accord avec ce sentiment : « Je me sens de plus en plus éloigné des grands syndicats qui s'intéressent plus à la politique nationale qu'aux problèmes des travailleurs dans les entreprises ».

En 1983, 73 % des Français estiment que les surenchères des syndicats ne peuvent rien contre la compétition internationale. Les syndicats se discréditent : leurs messages éloignent ceux à qui ils sont destinés. Tout simplement parce que les Français sont de plus en plus réalistes et de plus en plus intuitifs.

Les mêmes sanctions tombent sur les médias. 62 % des Français souhaitaient, en 1984, avoir des informations plus vraies, plus documentées, *moins truquées* sur ce qui se passe d'intéressant en France et dans le monde. 62 % ! Jamais le score n'avait atteint un tel niveau.

Les publicitaires sont accusés de manipuler par 81 % des Français.

Quant aux publicitaires, ils sont accusés de manipuler par 81 % des Français ! Ce n'est pas nouveau ? Non, mais cela ne s'arrange guère. Cela empêche-t-il la publicité de se développer en France ? Absolument pas : les grandes agences connaissent, bon an mal an, des progressions plus élevées que le taux de l'inflation.

Et c'est normal : plus les différents publics sont défiants à l'égard des messages diffusés... et plus il faut en diffuser ! C'est comme au tennis : si vous n'arrivez pas à toucher la balle de votre partenaire, vous n'avez plus qu'à acheter une machine lanceballes. Sur cent lobs, vous arriverez bien à exécuter un smash !

Ce qu'on ne peut pas faire par un échange d'une personne à une autre, on peut le faire avec une mitrailleuse : c'est moins fatigant et ça rapporte plus. A qui ? Aux agences. Mais pour combien de temps ? Car le coût des messages devient dissuasif et les honoraires des agences de publicité sont de plus en plus contestés.

Il n'y a guère que les enfants pour se réjouir des parties de catch à quatre auxquelles se livrent les marques.

N'importe quel innocent pourrait faire cette objection lourde de bon sens : « Mais enfin, si le public se méfie des manipulations, les entreprises ne pourraient-elles pas exiger des agences un langage plus sincère ? »

Les choses ne sont pas si simples car, en vérité, les agences manipulent de moins en moins et les annonceurs sont de plus en plus rigoureux. Reste que les unions de consommateurs continuent à entretenir, comme elles le peuvent, l'image d'une publicité abusive.

La réalité est que, par sa densité, par sa violence, la publicité heurte les sensibilités des différents publics ; il n'y a guère que les enfants pour se réjouir des parties de catch à quatre auxquelles se livrent les marques.

Se pose alors la question fondamentale : *comment diminuer l'impression de pression publicitaire ?* Comment éviter que les messages qui sont bien accueillis ne soient pollués par ceux qui écœurent ? A cette question, pour l'instant, il n'y a guère de réponse. Mais cela viendra : les Français, qui ont de plus en plus horreur qu'on les traite comme des morceaux de foule, pourront, dans les années à venir, profiter de nouvelles technologies qui préserveront et développeront leur individualisme et leur individuation. Les câbles arrivent... Bientôt, chacun pourra choisir le sien.

Faut-il, en attendant, renoncer ? Certainement pas ! Si les annonceurs et les publicitaires procédaient à de plus fréquentes consultations des consommateurs, ils auraient la surprise de constater que ce qui satisfait leur goût de la violence, de l'humour, de l'inattendu, du vite et mal, du clin d'œil, de la répétition absurde, du faux-nouveau, de la fausse occasion à saisir dans les huit jours (alors qu'elle recommence quinze jours après la date ultime), si ceux qui paient les messages et ceux qui les conçoivent savaient à quel point ils sont rejetés, la publicité changerait de style et de ton.

« La gestation des rats s'opère en 22 jours, celle des publicitaires en 117 ! » (David Ogilvy.)

Mais les tests sont coûteux et souvent la lenteur avec laquelle ils sont délivrés décourage et annonceurs et publicitaires. Et, s'ils sont menés à vive allure, ils manquent de sérieux. David Ogilvy, qui est pourtant, comme moi, un chaleureux défenseur des tests et des études de marché, note avec un humour dévastateur que la gestation des rats s'opère en 22 jours ; celle des hyènes en 110 jours ; celles des agences en 117 !

Tous les annonceurs - surtout ceux qui jouent sur des phénomènes promotionnels - ne peuvent pas attendre de quatre à six mois pour mettre leurs messages en phase avec les sensibilités des consommateurs.

Mais le manque de temps n'est qu'un mauvais prétexte, car un publicitaire et son client, chacun après dix ans d'expérience, devraient savoir ce qui marche et ne marche pas, ce qui est irritant et ce qui est gratifiant, ce qui inspire méfiance ou confiance, ce qui se lit et ce qui est illisible, ce qui fait rire et ce qui fait acheter, ce qui fait saliver et ce qui écœure, ce qui est « inoubliable » mais ne vend rien, etc.

Les panels et les statistiques n'apprennent rien de cela : ils nous saturent de constats alors que l'efficacité passe par une compréhension sans cesse plus aiguë des phénomènes qui font qu'une photo vend mieux qu'une autre, qu'un titre est plus lu qu'un autre, qu'un texte est plus motivant qu'un autre, qu'une simple page peut vendre plus qu'une double page, etc.

Trop de décisionnaires ne jurent encore que par les seuls chiffres et répugnent encore aux études psychosociologiques auxquelles leur éducation « cerveau gauche » ne les a vraiment pas assez préparés. Les nouvelles générations sont beaucoup plus à l'aise avec leur « cerveau droit ».

Quant aux créatifs, ils ne veulent connaître ni les courbes de ventes ni la socio-culture. Pour eux, ce qui compte c'est « le look » : c'est chouette ou c'est déjà vu ? Si quelqu'un a réussi par une certaine systémique, il ne faut surtout pas le copier ; il faut laisser cela aux Japonais. L'ennui, c'est que les Japonais seront bientôt les seuls clients des agences de publicité !

Hélas ! Minolta n'est pas italien. Et Pioneer n'est pas une marque dirigée par des pionniers américains. Canon ne sort pas de Creusot-Loire...

Les Japonais seront bientôt les seuls clients des agences de publicité.

La plupart des créatifs français savent parfaitement ce qui « a de la gueule », mais ils se moquent de savoir la gueule qu'aurait une annonce, un spot radio ou télévision qui vendraient dix ou vingt fois plus.

Si, vous, vous le savez et le dites, vous êtes considéré comme « un tue-l'amour » ; mais qui paie la casse ? Le client ? Eh bien, oui ! Un client, c'est fait pour être content. Il était content des projets et il n'est pas du tout heureux des résultats ? Ce n'est pas le problème des créatifs. Dieu merci, il y a quelques exceptions et il existe des rédacteurs et des concepteurs qui n'ont pas besoin de dix ans pour se brancher sur les consommateurs : sur cent collaborateurs de l'agence Impact, j'en connais une bonne dizaine. C'est peu et c'est beaucoup.

Pourquoi un tel gaspillage ? Parce que *la grande peur des annonceurs et des publicitaires est de ne pas se faire remarquer. Cette peur les associe.*

On les comprend : il n'est pas facile qu'une annonce se distingue lorsqu'elle est en compétition avec cent pages préparées par des journalistes de cinquante autres pages de publicité. Dans la rue, il est facile de se faire remarquer : il suffit de marcher sur les mains. Dans un magazine, c'est très facile aussi : il suffit d'écrire MERDE en gros caractères. Un publicitaire n'a pas hésité : moins d'un an plus tard, son client fermait boutique.

L'expérience m'a montré que si vous pouvez intéresser 15 % de lecteurs, il faut faire le maximum pour trouver le style et le ton qui leur fera dire « c'est pour moi ». Si vous voulez séduire les 85 % que votre produit ne peut pas intéresser, vous perdrez tout : les 15 % penseront « c'est peut-être bien, mais pour qui me prend-on ? ».

Tout cela pour qu'il soit bien clair qu'en publicité, la question n'est pas de se faire remarquer, c'est d'être perçu comme remarquable et digne de confiance par ceux qui sont déjà prédisposés à payer pour de bonnes raisons : celles que vous leur donnerez ne sont pas à négliger.

Une autre phobie qui s'empare des milieux publicitaires est la peur de n'être pas « mémorisé ».

A 300 mètres d'altitude, un funambule boit sa chicorée du matin.

En d'autres mots, l'angoisse d'avoir été perçu mais oublié. D'où un « forcing » pour être inoubliable. A ce compte-là, vous avez droit à un cascadeur qui traverse un mur de feu, un mur de béton, un funambule sur un fil de fer étiré à 300 mètres d'altitude pour boire sa chicorée du matin.

Il est évident qu'un message publicitaire ne doit en aucun cas être couleur de muraille. Mais le problème n'est pas d'être inoubliable.

A quoi sert de laisser des souvenirs s'ils n'entraînent pas le désir et la confiance bien placée ?

En publicité, la question n'est pas comment laisser une trace : la question est d'ouvrir la trace qui débouche sur des ventes inespérées.

La publicité est faite pour tracer le chemin au bout duquel acheteurs et produits se retrouvent le plus souvent et le plus longtemps possible.

Dans tout ce qui précède, je laisse entendre que *si* les chefs de produit d'une marque (et aussi leurs supérieurs hiérarchiques) et *si*, dans l'agence de publicité, les responsables sont familiarisés avec les études psychologiques et psychosociologiques, le risque d'erreurs grossières est amoindri. Vive les si !

Pourtant, côté annonceurs, il n'y a pas que chez Procter & Gamble qu'on trouve des hommes et des femmes rompus aux tests et aux marchés tests.

Mais chez Procter, la série d'épreuves que subissent produits, concepts publicitaires, campagnes publicitaires - les hommes aussi ! - reste plus impressionnante que dans aucune autre entreprise.

C'est à cette systématique un peu agaçante pour les agences de publicité que Procter doit à la fois sa quasi-infaillibilité et aussi sa lenteur à préparer ses lancements réussis. La force de Procter est de diminuer à ce point les risques d'échec qu'au moment où se produit son attaque, les concurrents sont submergés par un ensemble de dispositifs qui ne sont pas sans rappeler la guerre totale. Chez Procter, une fois la décision prise, c'est « le Blitzkrieg ».

Le risque pour Procter, c'est que les marchés tests alertent la concurrence qui active ses recherches et ses défenses ; le temps passant laisse aux compétiteurs la possibilité de préparer de nouveaux produits et surtout des campagnes qui seront peut-être moins banales que celles de Procter.

Disons qu'en France, il ne manque pas d'annonceurs qui ont emprunté à Procter ses systèmes de sécurité sans pour autant tomber dans ses lourdeurs d'application.

Côté agences, les recherches se développent sous la pression exercée par ce type d'annonceurs. Mais les réticences sont encore plus fortes que les adhésions ; car *si les commerciaux des agences « avancées » sont souvent en phase avec leurs collègues qui sont chez l'annonceur,* il n'en va pas de même pour les « créatifs » qui restent sur leurs positions retranchées ou meurent de frustration - voire de castration - ce qui ne vaut pas mieux.

Le tempérament latin supporte mal le contrôle systématique. On le voit bien dans les aéroports : les services de sécurité font l'impasse. Et c'est justement ce jour de relâche qu'une bande de terroristes s'envole avec cent otages...

En publicité, il en va de même. Les contrôles augmentent les chances pour un produit d'atteindre l'objectif qui lui est assigné. Mais la sécurité n'est que rarement absolue.

Ce qui me conduit à conclure que l'expérience, le fait d'avoir passé aux tests une centaine de produits, le fait de n'avoir pas vraiment connu d'échec, n'exclut pas la possibilité, un jour ou l'autre, d'être l'auteur d'une catastrophe.

Rien ne remplace le recours au verdict des lecteurs, des auditeurs, des téléspectateurs.

L'expérience dégrossit les risques et détecte les plus évidents ; mais elle ne peut pas tout filtrer. Le plus grand spécialiste de l'agence dans l'art d'obtenir des coupons-réponses en est, après quinze ans de pratique, à se demander pourquoi l'une des dernières annonces conçues pour Rubson a fait un semi-bide... C'est irritant, c'est coûteux, c'est lent, mais il faut l'admettre : rien ne remplace le recours systématique au verdict des lecteurs, des auditeurs, des téléspectateurs. Et aussi celui des consommateurs en général quand il s'agit de lancer ou d'améliorer un produit.

Je vous propose, pour illustrer cette conviction, l'histoire d'un produit lancé par Impact, en collaboration étroite avec Gillette, numéro un mondial pour les produits de rasage.

Le cas Verlande

Chez Gillette, rien n'est laissé au hasard et tout est testé. Mais vous allez voir que mieux valait qu'il en soit ainsi car nous avons frisé un flop, pas mortel mais qui aurait été lourd de conséquences.

Le département études de Gillette avait détecté qu'en hypermarché une belle place était à prendre pour une eau de toilette et un after-shave dont l'image aurait été moins fonctionnelle et *moins macho* que celle projetée depuis des années par Mennen dont le slogan lapidaire n'a jamais varié ; c'est toujours « Pour nous les hommes ! ». Mon propos n'est pas d'insinuer que la démarche de Mennen (et de quelques autres) est périmée. Mennen se porte bien, il a sa clientèle. Mais les études prouvaient que l'évolution de la socio-culture autorisait une démarche qui tiendrait compte de différents courants : montée du polysensualisme et moindre clivage entre hommes et femmes.

Gillette, dans ses conclusions, recoupait ce que l'agence avait observé par des études annuelles menées par la Cofremca : le groupe de travail de l'agence était donc en phase avec celui de Gillette. Le bonheur ! La percée assurée...

- L'agence trouva très vite le nom : Verlande. Un nom qui évoquait la lande et ses senteurs, la nature comme elle est encore préservée en Irlande.
- La fragrance fut élaborée en collaboration avec Iff, le plus grand créateur de parfums et d'eaux de toilette. L'ambition fixée au départ ne le céda en rien à l'accomplissement : acheter Verlande en grande surface procurerait aux utilisateurs les mêmes satisfactions que s'il s'était agi d'une eau de toilette signée d'un couturier et vendue en parfumerie.

Il ne manquait que la signature d'un grand couturier.

- Le design fut confié à l'un des meilleurs créateurs français : Alain Carré, réputé notamment pour ses travaux pour Waterman. Les flacons de Verlande sont superbes : trapus, élégants, *uniques* dans leur registre.

Restait à concevoir le spot de 30 ou 45 secondes qui serait diffusé à la télévision. La consigne était d'éviter tout relent de machisme. L'agence en était convaincue. Pour ce qui touche au prix du film, Gillette n'hésita pas plus que sur le prix de l'extrait qui conférait à Verlande une forte chance de faire au minimum jeu égal avec ses concurrents les plus puissants.

Le tournage eut lieu en Irlande dans un site

superbe. L'actrice, l'acteur, la musique, d'un romantisme moderne. Mais le film développé provoqua quelques doutes. Pourtant, au moment du tournage, l'équipe de Gillette et celle d'Impact étaient présentes et comblées. Le doute tenait à ce que l'homme jouait à ce point en nuances, il était si peu macho, qu'on pouvait se demander si la romance finirait par autre chose qu'une main dans une main... Mais nous trouvions que ce film tranchait tellement sur ceux de la concurrence que personne n'osa se poser trop de questions. Bref, nous avions voulu ce film, nous l'avions. Et puis, quand on sait qu'un 30 secondes coûte à peu près le prix d'une petite Rolls...

« Avec la parure adamantine de ceux qui s'aiment sans mélange. » (Verlaine.)

Un mini-marché test permettait d'exposer des consommateurs d'abord aux films de Gillette et des concurrents ; ensuite, les participants recevaient de l'argent pour acheter les produits qui leur convenaient. Les produits Verlande passèrent facilement ce premier test. Mais les acheteurs accusèrent notre film de mièvrerie. Et non sans de bonnes raisons.

Conclusion de l'épreuve : Gillette ne lancerait les produits qu'avec la « certitude » d'obtenir 5 % de part de marché. Or le test ne laissait espérer que 2 à 3 %.

La pilule était amère, mais le client ne nous reprochait rien. Il estimait qu'il était le coauteur de cette « bavure ». Le client, c'étaient deux femmes d'une compétence égale à leur sensibilité. Je n'ai su, sur le moment, leur exprimer mon admiration pour autant de courage et d'honnêteté intellectuelle. De retour à l'agence, je décidai, sans rien en dire à Gillette, de faire appel à la Cofremca afin d'obtenir le profil des acheteurs d'eaux de toilette en hypermarché et aussi de procéder à une analyse sémiologique. En moins de trois heures, la sémiologue de la Cofremca aboutit, devant les créatifs et les commerciaux de l'agence, à la conclusion que Verlande ne pourrait atteindre 3 % du marché si la communication restait aussi platonique.

Quand j'entends dire que la sémiologie, c'est de la masturbation...

Voilà qu'une jeune femme[1], disposant uniquement de cartes socio-culturelles et de son sens des signes qu'émet un film, aboutissait aux mêmes conclusions pessimistes. Alors quand j'entends dire que la sémiologie, c'est de la masturbation...

C'est ce genre d'épreuve qui me fait dire que vingt ans de pratique des enquêtes ne met pas à l'abri. Les deux femmes de chez Gillette étaient des praticiennes très expérimentées. Cela n'a pas empêché que nous sommes tous passés à côté de la plaque.

Le film fut mis au frigo : retourner quelques scènes au cours desquelles l'homme aurait été plus entreprenant n'aurait rien changé.

Un autre film fut mis en chantier. Résultats : en moins d'un an, ce n'est pas 5 % de part de marché qu'obtint Gillette, mais, selon les produits, entre 9 et 14 % ! Après ce succès, Gillette nous a confié deux autres lancements à hauts risques.

Si nous, publicitaires et annonceurs, nous voulons absolument éviter de confondre nos goûts avec ceux des consommateurs, il n'y a qu'un recours : tester ou bien enquêter. Mais il est préférable de doubler les sécurités. C'est ce que fait Carrefour depuis cinq ans pour les campagnes insolites que nous engageons.

Voici maintenant un autre cas, vécu plus récemment, à propos de meubles pour salles de bains.

1. Joëlle Leforestier.

Tous les hommes de marketing des annonceurs et des agences savent que la pièce réservée aux bains est un territoire symboliquement féminin. C'est le « B-A, BA » de la psychologie. Mais vous allez voir ce qu'il est arrivé aux cinq agences (dont Impact) qui étaient en compétition pour « décrocher » le budget Allibert.

Le cas Allibert

Les concours entre agences ne se déroulent pas toujours selon les mêmes règles du jeu. Parfois, la sélection d'une agence se fait par affinités électives : l'annonceur « suit » la production d'une agence pendant cinq ou dix ans ; il sait tout sur elle. Ou croit tout savoir. Un beau jour - oui, c'est un beau jour - l'état-major du client débarque et demande à avoir un long entretien avec l'équipe qui va travailler pour lui : c'est l'approche cerveau droit ; le gauche aussi est éveillé ; mais c'est, en définitive, au feeling que se noue l'accord.

Plus généralement, les annonceurs ont conscience d'être à leurs affaires vers les neuf heures du matin et, de ce fait, d'ignorer comment RTL et Europe 1 se battent pour se partager l'écoute des femmes qui restent à la maison ; les annonceurs (quel que soit le sexe) ne peuvent pas non plus lire tous les magazines. Ce ne sont pas non plus des inconditionnels de la télévision... Les spots publicitaires qui vous gâchent une soirée, ils laissent cela aux téléspectateurs invétérés.

Mais qui fait quoi ?

Pour toutes ces raisons, les annonceurs, à propos des agences de publicité, reconnaissent ne pas bien savoir quelle agence fait quoi. D'où leur recours à un organisme appelé Vidéothèque qui stocke la production des agences. L'annonceur énonce l'objet de sa consultation. Il décrit le type, la taille, le style d'agence qui l'intéresse...

En fonction de ces critères, Vidéothèque sélectionne « objectivement » dix agences qui sont censées convenir. L'annonceur peut alors visionner les films (télévision et cinéma), les annonces parues dans la presse et écouter les spots diffusés par des radios commerciales.

A la sortie, il ne reste généralement que trois agences possibles ; parfois cinq parce que le président désire que deux de ses amis qui, que... Bref, la compétition est ouverte et l'enjeu est gros. Nuits blanches parfois.

« Maïeutique ? c'est-y une maladie ? » Non, c'est l'art de faire accoucher les idées. L'inventeur : Socrate.

Un autre cabinet, Ballester Consultant, propose, en première approche, la même méthodologie ; mais, dans certains cas, sa *maïeutique* est plus *resserrée* : il va jusqu'à exiger que l'annonceur délivre par écrit ce qu'il attend des trois agences qu'il mettra en compétition. Cela s'appelle un brief. Après quoi, au terme d'un mois de réflexion (et d'exécution), chaque agence présente ses solutions.

- Bien sûr, à l'état-major.
- Mais aussi à un groupe de consommateurs.

C'est ce luxe de précautions qui retint la préférence d'Allibert. L'épreuve est... éprouvante, car même si vous croyez que l'annonceur est « avec vous », vous ne savez absolument pas si les consommateurs ne vont pas être contre vous. C'est très bien ainsi car, après tout, une campagne de publicité ne devrait pas être financée et conçue pour masser les nombrils des hommes d'état-major.

Mais revenons à Allibert. Son consultant avait obtenu que les attentes de l'annonceur fussent clairement définies. L'agence fut invitée à découvrir la production de la firme : des meubles de rangement, des miroirs, des accessoires, etc. Dans l'ensemble, les produits signés Allibert nous parurent infiniment supérieurs à l'image que nous avions de la firme. La finition des objets était remarquable.

Mais, sortant du show-room, j'avoue que je ne voyais pas bien - pour ne pas dire pas du tout - comment l'agence pourrait parvenir à faire ressentir *le fini* du matériel.

Et puis, si beau soit-il, un meuble de rangement n'est jamais qu'un des éléments qui font le charme d'une salle de bains. Dans ces conditions, ne fallait-il pas opter pour une solution *«fusionnelle»,* c'est-à-dire fondre les meubles dans un tout ? Oui, mais alors la baignoire, les serviettes de bain, le pèse-personne, la douche n'allaient-ils pas *vampiriser,* au nom du rêve, ce qui, en réalité, est à vendre : un miroir par exemple ?

En bref, convenait-il de mettre l'accent sur des produits vedettes ? Ou bien tenter de faire d'Allibert la marque d'accessoires qui comprend ce que vous entendez par salle de bains de rêve ?

Dans l'agence, les opinions étaient partagées. Quant à moi, j'étais perplexe et anxieux. Généralement, j'aime bien prendre mes responsabilités, prendre sur moi le choix du terrain et l'angle d'attaque. Là, je n'ai pas osé. Je n'ai pas pu : j'ai laissé mes collaborateurs explorer plusieurs pistes.

La veille de la présentation, il ne restait plus qu'une recommandation. Mon idée était faite - il était temps ! - *il fallait proposer uniquement ce qui était notre conviction intuitive et intime. C'est-à-dire la solution onirique.*

Durant l'exposé de notre projet, aucun des quatre

membres de l'état-major ne broncha. Impossible de supputer s'ils agréaient ou bien s'ils rejetaient.

Arrivèrent les consommateurs : une dizaine, hommes et femmes de tous âges (vingt-cinq à soixante-cinq ans), de toutes conditions. La règle du jeu veut que les acheteurs potentiels restent entre eux pour réagir aux stimuli que déclenche un psychologue. Tandis qu'ils dégustaient un café ou un jus d'orange, les hommes d'Allibert et ceux de l'agence s'effacèrent.

Et c'est dans mon bureau que, sur un écran vidéo, je vécus une des plus étonnantes scènes de ma vie d'observateur.

L'animateur, sans dévoiler quelle marque désirait ce débat, commença à demander à chacun des participants de parler de lui, d'elle, de son travail, de sa famille, de son appartement. Locataire, propriétaire ? Vous aimez votre salle de bains ? Oui ? Pourquoi ? Non ? Qu'est-ce qui ne va pas ?

A ma grande surprise, presque tous les interviewés fantasmaient. Les uns rêvaient de glycines, les autres de palmiers, de brises marines, de baignoires romaines où descendre marche par marche.

Si l'animateur essayait de ramener l'entretien sur la réalité (une salle de bains, en France, c'est quatre mètres carrés), hommes et femmes repartaient à Byzance.

Vint le temps de parler des accessoires, du rangement, des éclairages, des miroirs. Spontanément, c'est Allibert qui monopolisa les réactions. Je découvris que ce groupe avait le souvenir des premiers éléments fabriqués par Allibert dans les années 60 ; mais le groupe était également capable de porter des jugements sur des productions plus récentes.

L'animateur révéla que l'entretien avait justement pour objet Allibert et ses productions. Le groupe signifia que ce ne sont pas les parties d'une salle de bains qui comptent. C'est l'harmonie, c'est l'ambiance qu'elle dégage parce qu'en réalité, « on est nu, on est bien, on se relaxe, on se maquille, on renaît ».

Je me croyais chez le docteur Groddeck[1] à Baden-Baden, l'homme qui, avant Freud, a appelé *ça* ce que nous sommes dans nos tripes.

Nom d'une pipe !

Les responsables d'Allibert (pas de femmes de chez Allibert ce jour-là...) restaient flegmatiques. Mais, de temps en temps, j'entendais des chuchotements du genre « nom d'une pipe, quel bon sens ! ».

On verra pourquoi bientôt. Phase ultime. L'animateur présenta les projets de l'agence : des salles de bains ouvertes vers l'infini, des baignoires rondes, généreuses, profondes : ne plus enjamber, mais condescendre à descendre !

Au premier plan, l'objet-vedette : *Starlight,* un miroir éclairant dissimulant une armoire pour ranger produits de beauté et médicaments anodins.

Le groupe d'interviewés se mit à vibrer. « Voilà, c'est ça. On voit l'objet à vendre, mais on peut rêver ! »

Les pieds sur terre et la tête au ciel.

Je n'en croyais ni mes oreilles ni mes yeux. Mon regard se portait sur des femmes qui avaient l'apparence la plus modeste et je me disais « mais enfin elles délirent ! ». Non, elles avouaient qu'elles et leurs maris avaient fait des économies et qu'elles avaient les pieds sur terre... et dans l'eau.

Vous l'avez deviné, l'agence Impact fut choisie

1. Groddeck : « Le livre du ça ». Gallimard.

par Allibert. Plus tard, j'ai pu voir les projets de nos concurrents ; tous avaient opté pour une approche trop rationnelle. Plus tard encore, j'ai su comment avaient réagi les quatre autres groupes d'interviewés : mêmes symboles, mêmes fantasmes, mêmes exigences, mêmes fuites devant la triste réalité.

Depuis ce constat, je ne doute absolument pas qu'en interrogeant dix, vingt ou trente personnes, on puisse apprendre ce que sont les archétypes, et quels risques on court si on ne les utilise pas.

Épéda, avant une étude de motivations, voulait vendre des ressorts. Après, il a fallu vendre des nuits...

Allibert aurait bien aimé vendre des meubles en plastique noble, mais les consommateurs ont leurs raisons de rêver à l'insertion d'un meuble dans un lieu hédoniste. Il se trouve que l'hédonisme est, en France, une valeur montante. Surtout depuis ce que Jean Boissonnat appelle les sept crises. Car se baigner, c'est se *ressourcer.*

La publicité c'est oser. Mais c'est aussi doser. Tantôt le dosage doit être au maximum côté raison ; tantôt côté émotion. Parfois, un peu de ce côté, beaucoup de l'autre... Une enquête, c'est comme une recette : les doses sont indiquées. A vous d'avoir l'essentiel : tour de main plutôt que tournemain car, en publicité, rien ne remplace la patience.

XVIII. Attention aux pétrarquisants

PÉTRARQUE aimait Laure. D'un amour élégiaque et platonique. Les tests du type Starch me prouvent que, plus le temps passe, plus les personnes interviewées se comportent comme Pétrarque : ils sont de plus en plus nombreux à aimer la publicité qui ne les touche pas.

Atteints de « pétrarquite », ils se révèlent passionnés par l'esthétique des annonces ou la virtuosité des films publicitaires. *Ils en oublient le produit qui leur est proposé.*

Marianne de Souza, directrice d'études, m'avouait récemment qu'il devient de plus en plus difficile de trouver des consommateurs qui ne soient pas pétrarquisants : si la sélection n'est pas rigoureuse, les personnes consultées réagissent comme des amoureux qui voudraient améliorer la publicité. Certains refont une annonce, dessinent, imaginent des scènes de séduction !

« J'ai horreur des acteurs qui actent. »
(Gérard Depardieu.)

Lucide, Gérard Depardieu déclarait à une journaliste qu'il a « horreur des acteurs qui actent ». Il ajoutait : « Ce qui est important, c'est qu'on ne voie plus l'acteur mais son âme ».

En publicité, ce qui est important, c'est qu'on ne voie plus « la pub », mais que la focalisation se porte sur ce qui est à vendre.

Dans les laboratoires d'études (et même consultés à leur domicile), hommes et femmes ont des réactions qui laissent à penser que la publicité qui leur plaît, c'est celle qui ne les branche pas. Tout se passe comme s'ils n'avaient d'yeux que pour ce qui les distrait, les étonne et leur fait dire : « J'aimerais bien être dans la Pub. Ça doit être drôle d'inventer des mots magiques. (Et puis ils ne doivent pas s'embêter avec les mannequins...) Mon fils, qui est doué, retient tout par cœur. Quand on sait ce que ça rapporte, j'aimerais bien que le petit ne finisse pas comme moi, dans un fromage maigre... ».

J'ai, maintenant, la quasi-conviction que si, dans le monde entier, la publicité est ce qu'elle est, c'est que les tests sont ce qu'ils sont : *ils privilégient la force d'attention des messages et n'arrivent guère à déceler ce qui, dans un message, déclenche un désir d'appropriation.*

Résultats ? Les agences, pour réussir l'examen que constitue un prétest, apprennent à complaire plutôt qu'à convaincre. *A l'heure actuelle, n'importe quelle agence dispose de spécialistes qui savent comment organiser un message pour qu'il sorte vainqueur d'un test sommaire.*

A ce jeu-là, ce sont les publicités qui vendent le moins qui plaisent le plus.

A ce jeu-là, ce sont les annonces qui vendent le moins qui plaisent le plus. Vous me direz que leur carrière doit quand même être assez piètre. C'est vrai : les créations les plus brillantes vont très vite au cimetière. Mais cela n'empêche pas les agences d'envoyer à l'assaut d'autres messages séducteurs qui tombent comme les Marie-Louise à Waterloo.

Certains tests me font penser aux grandes manœuvres dans l'armée : en Autriche, j'étais posté dans un virage ; « mes » éclaireurs-skieurs, cachés dans les sapins, disposaient de bazookas, de grenades, de fusils-mitrailleurs. Une colonne de camions s'annonçait. Je la laissai s'engager dans le virage : l'embuscade parfaite. Et je donnai le signal « d'envoyer la sauce ». Je m'attendais à faire cent prisonniers. Pas du tout. Les forces adverses sautaient des camions et montaient à l'assaut. Sans perdre mon sang-froid, j'attendis que l'ennemi fût à dix mètres pour balancer grenades et giclées de mitraillettes. Tant d'équanimité ne servait à rien : *toutes nos armes tiraient à blanc!*

Conclusion : encore trop de tests sont des petites manœuvres où tout le monde tire à blanc. Aussi bien les publicitaires que les consommateurs. La publicité ne fait des progrès que si le cabinet qui conduit les opérations arrive à recréer *les conditions d'une épreuve réelle.* Ce n'est pas simple. Ni en France, ni ailleurs. Aux USA, mes amis de l'agence FCB engloutissent des fortunes pour trouver les moyens d'en finir avec ces mascarades. En France, je ne travaille qu'avec des cabinets qui déjouent les perversions des interviewés. Ces cabinets sont rares, mais ils existent.

Si d'extrêmes précautions ne sont pas mises en œuvre, les interviewés, face à la publicité qui les effleure, réagissent comme les femmes fidèles à leur mari : elles sortent avec des homosexuels. Quand on leur demande pourquoi ce choix pétrarquiste, voilà à peu près ce que cela donne : « On dira ce qu'on voudra, ils sont tellement raffinés ! Et tellement drôles ! Un goût... ».

La publicité n'est pas un divertissement.

Si nous n'y prenons garde, nous serons aimés, annonceurs et publicitaires, comme les femmes aiment ceux qui préfèrent les hommes : la publicité n'a pas pour finalité de faire passer de bons moments sans aucun risque. La publicité n'est pas un divertissement. C'est une offre d'une personne à une autre. Pas seulement une séduction : il s'agit que l'autre préfère risquer son argent pour ce que vous proposez plutôt que de le garder et conclure que la publicité est une forme de culture moderne !

Une amie psychologue m'a beaucoup influencé le jour où elle m'a affirmé :

— Pierre, une annonce c'est comme une vitrine. *Si on voit trop la vitrine, on ne voit plus les objets qui sont derrière... Alors, nettoyons les vitres.*

En travaillant avec elle, je suis allé plus loin : je me suis demandé si, au lieu d'être plates, les vitrines ne devraient pas être en creux.

J'étais un petit cave : le concave m'attirait.

En 1938 - j'avais 12 ans - je n'étais pas acheteur de colliers en strass. Mais, qui sait ? Ma mère était si belle ! Me promenant boulevard des Italiens, je tombai en arrêt devant une vitrine Burma : les faux diamants me fascinaient. J'avais envie de les saisir. Je tendis la main vers les colliers et ils se dérobèrent. J'avançai un peu. Mais rien à faire : plus ils m'attiraient, plus ils s'éloignaient : la glace était creuse, *concave.*

Concave ? Un truc pour piéger l'innocent que j'étais ? Sans doute, car que faisaient les femmes qui s'arrêtaient devant la vitrine Burma ? Sentant que, plus elles s'approchaient, plus les objets semblaient reculer, elles franchissaient la porte du magasin pour pouvoir palper ce qui était derrière la glace concave.

Faire franchir, voilà le secret. Ce qui est vrai d'une vitrine est vrai d'une annonce : elle aussi doit faire entrer dans le couloir qui est un texte vendeur. Les mots qui composent le titre ne doivent pas être à ce point énormes qu'ils sautent aux yeux ; *ce sont les yeux qui sautent sur le titre si celui-ci est composé en caractères très lisibles.* La photo principale - et même les autres - ne doit pas être brouillée ou barbouillée par des mots qui gâchent la perception de l'objet à vendre. Transparence est le mot clé.

Si une annonce est aimée, ce doit être pour un seul motif : parce que le produit est prêt à passer dans la vie de celui qui va l'acheter en entrant dans le message comme on entre dans un magasin.

Conclusions

La fonction de la publicité a longtemps été de faire acheter les produits, d'améliorer l'image des marques, d'accroître des désirs. Certains excès manifestes ont conduit à mettre en cause ces efforts, notamment dans les années 1970.

A l'heure actuelle, en 1985, la publicité majoritaire ne cherche ni à documenter ni à vendre : elle se contente d'entrer dans le domaine privilégié de la créativité, de l'innovation culturelle. La société détourne les publicitaires de leur vocation initiale. Les 19 % de Français qui n'ont rien contre la publicité sont ceux qu'elle distrait ! Distraire est un art qui va se développant. Vendre en est un autre, qui se perd. Vive le mécénat ! Mais une entreprise qui licencie son personnel faute de savoir vendre ses produits, qui gaspille ses ressources en spectacles, peut-elle longtemps jouer les mécènes ?

Les 19 % de Français qui n'ont rien contre la publicité sont ceux qu'elle distrait. Je les plains.

Est-ce un progrès que de faire rire les chômeurs ? Peut-être. Personnellement, je préfère les entreprises qui ne se livrent à aucune débauche publicitaire.

A tout prendre, mieux vaut la prospérité par la publicité que la ruine par la dérision.

XIX. La mer se déchaîne ? Offrez-vous une crique !

DANS un monde de plus en plus sensible à la violence, la publicité la plus efficace est celle qui est la moins violente. C'est aussi la plus rare. Raison de plus pour la privilégier. Nous allons voir pourquoi et comment.

Une annonce n'est jamais seule ; elle est toujours en compétition avec des centaines d'autres. Même si vous êtes le seul à proposer une montre avec six bracelets différents, celui qui peut l'acheter aura les yeux brouillés par quantité d'autres offres qui ne sont pas inintéressantes : meubles de jardin, tondeuses, chaînes hifi, appareils photographiques, calculatrices de poche, stylos, etc. Plus votre annonce sera claire, sereine, plus elle aura de chances qu'un œil désirant lui accorde et la priorité et la préférence.

Plus l'environnement sera perturbateur, explosif, sur-prometteur, plus la plage de calme que vous aurez préparée sera attirante pour l'œil. Faites de votre page une oasis de fraîcheur et les lecteurs boiront vos paroles, surtout si elles ne sont pas phraseuses.

Un spot radio n'est jamais seul sur une antenne. Le matin entre 7 heures 30 et 8 heures 30 est considéré comme une superbe tranche horaire. (C'est là que tombent les nouvelles.) Tous les publicitaires se bousculent pour y faire plonger leurs messages. Résultat? Vous n'avez plus d'autre alternative que de marcher sur des oursins ou bien des hérissons. Vous êtes coincé entre les Galeries Barbès qui vous barbent et Mammouth qui vous chante : « Quand on sait c' que ça coûte... »

Oui, 30 secondes sur Europe 1 ou RTL, le matin, ça coûte 30 000 francs. Oursins compris. Que faire pour s'isoler? Nettoyez bien votre petite plage, supprimez les mots inutiles. Plantez quatre parasols pour abriter quatre citations de votre marque. Pas trop de musique, car on ne comprend plus du tout ce que vous dites.

« Quand on sait c' que ça coûte. »

Pour créer votre oasis, n'hésitez pas à prendre une plage de 30 ou 45 secondes plutôt que de 20. Plage de sable fin et oasis ne suffisent pourtant pas. C'est une façon d'accueillir, mais ce n'est pas un abri à l'épreuve des tempêtes et des tourmentes.

Installez votre plage dans une crique; veillez à ce que cette petite anse soit ouverte au centre et fermée sur les côtés.

En radio, la forme de l'anse, la concavité des calanques comptent plus que tout. C'est le pourtour qui protège la plage d'où votre message va partir. Le dessin des contours protecteurs devient un roc où viennent se briser les lames des concurrents. Votre petit territoire vous appartient: vous pouvez alors lancer un grand message qui sera non seulement entendu, non seulement écouté, *mais reçu comme un cadeau.*

En 1975, l'agence Impact a diffusé pour Monsieur Rochas (eau de toilette pour hommes) un message radio qui, deux années de suite, a fait monter les ventes de 74 % en quatre semaines de diffusion !

L'auteur de cette performance - Jean-René Ruttinger - avait souhaité qu'il n'y eût ni presse ni magazine pour appuyer cet assaut isolé. J'obtins l'accord du président de Rochas, réputé pour son nez [1]. Heureux homme. Mais pas tant que Jean-René...

Voici son texte, exemple de publicité-oasis. La musique était du style Gainsbourg :

Cuir fauve et bois des îles.
Acajou sur tabac brun.
Briquet d'argent massif,
Davidoff n'est pas loin.
Monsieur Rochas.
Calibre 12 à platine
et Mystère 20.
Safari Caucase.
Deauville, Acapulco.
Golfes sans fin.
Monsieur Rochas.
Soupers - soupirs.
Et champagne saphir.
Cheek to cheek.
Et chinchilla, etc.
Monsieur Rochas.
Le télex qui crépite.

Le devin des vins.

1. René Gosset était aussi le propriétaire du champagne Gosset dont il est « le nez », c'est-à-dire le devin des vins qui feront la cuvée.

C'est la bourse qui panique.
Et la chute des pépites.
Monsieur Rochas.
Elle court, elle court la vie.
Entre deux chasses à la grouse.
Monsieur Rochas.
Eau de toilette et after-shave.

Pour la bière George Killian's, curieux phénomène : un message est testé par RTL. C'était en décembre 1979. Le jury était composé de :

- 15 créatifs d'agences.
- 200 auditeurs de RTL.

Résultat ? Significatif :
- Pour les auditeurs, George Killian's arrive en tête.
- Pour les créatifs... en troisième position.

De telles distorsions ne sont pas systématiques. Mais elle sont assez fréquentes pour que je soupçonne les créatifs de n'être pas des auditeurs... Si vous cherchez à comprendre ces écarts, les créatifs ont une réponse : « Les auditeurs ont un goût de patate ! ».

Oui, mais en octobre 1984, une enquête menée par Ipsos auprès de 300 auditeurs réguliers désignait George Killian's numéro un avec ces scores :

- Reconnaissance 91 %[1].
- Positif 72.
- Négatif 22.

Décidément, les auditeurs sont incorrigibles !

Voyons maintenant, *en télévision,* si les spots diffusés en France sont des criques.

1. Les scores moyens en France sont, respectivement, 59, 52 et 29.

Les secondes coûtent tellement cher que la tendance n'est plus aux 30 secondes ni aux 20 secondes. Encore quelques 8 secondes. L'exploit consiste maintenant à balancer des... 3 secondes !!! C'est à peine si vous avez le temps de voir la marque, qui devient une sorte de carte de visite froissée... Qu'importe ! Une rumeur circule : plus ça va vite, plus ça impressionne les chefs de rayon des grandes surfaces. Il est vrai que ces experts sont doués, mais quand même...

Une sorte de carte de visite froissée. Sans même un mot lisible.

Surtout pas d'arguments, ça les fatigue. Vive la publicité *subliminale!* Celle qui est d'autant plus sublime qu'elle est invisible. Un de mes collaborateurs a demandé l'avis de Claude Lelouch (superbe cerveau droit) : il est parti en louchant !

Aux USA, là où les recherches sont les plus avancées, il est prouvé que les spots les plus rentables dépassent 60 secondes. Tout dépend, bien sûr, du produit. Mais, dans l'ensemble, les messages qui, aux USA, ont fait la fortune des cartes de vœux Hallmark, dépassaient largement les 60 secondes.

Je me souviens d'un de ces films en forme de crique bien protégée. Je n'ai visionné ce spot que deux fois mais je ne l'oublierai jamais ; et, du premier coup, j'ai su qu'il vendrait. Je vais vous le raconter. C'est une histoire en trois scènes :

1. Au début, on comprend qu'il s'agit d'une « partie ». Visiblement, on honore quelqu'un.
2. Trente ans en arrière : une maîtresse d'école observe sa classe. Une bande de gentilles canailles. Le regard de la femme se fixe sur un écolier qui « pompe » sur son voisin. La classe se vide, objurgations de la maîtresse.

« T'as le rimmel qui fout le camp, jolie môme. » (Léo Ferré.)

3. A nouveau, la célébration de l'événement. Un manager de trente-cinq ans, costume trois pièces, visage blanc : la petite canaille est devenue un grand homme, honnête, heureux. L'homme monte sur le podium où se trouve son ancienne institutrice. Il lui remet une carte de vœux Hallmark. Il lui dit qu'il se souvient de ce qu'elle a fait pour lui. La femme ne contient plus son émotion : c'est la fonte du rimmel !

Autant vous dire que le spot qui passe avant et celui qui suit se brisent, et que Hallmark a fait le plein dans sa crique !

Je ne crois plus à la publicité qui fait « du rentre-dedans ». *Je crois à la publicité qui fait entrer dans les messages avec émotion.* On dit souvent que la foule est femme. Personnellement, je ne crois pas qu'un lecteur, qu'un auditeur, qu'un passant, qu'un téléspectateur soient des morceaux de foule. Et si la foule est une femme, attention !

« Suivez-la, elle vous fuit. Fuyez-la, elle vous suit. »

Cet aphorisme seyait au général de Gaulle. Mais une lessive n'est pas un homme d'État qui libère son pays. En publicité, il ne s'agit pas de poursuivre les consommateurs comme cavaliers en chasse à courre. Il ne s'agit pas non plus de libérer qui que ce soit. Il s'agit d'offrir une crique : les clients viendront presque d'eux-mêmes.

La campagne actuelle pour le tabac Amsterdamer, conçue par CFRP, me paraît un chef-d'œuvre du genre : un homme assis, son chien, sa pipe, des montagnes... Le texte? « Silence. Amsterdamer. » C'est tout l'art de suggérer en peu de mots.

XX. Comment faire jaillir des grands textes ?

S'IL S'AGIT de vendre des produits émotionnels, c'est toujours la photo qui assure la plus haute responsabilité : fixer l'œil, enclencher le rêve, tenter le coup de foudre.

Les parfums, dans le monde entier, doivent leur magie au moins autant à des photos « inspirées » qu'à leur fragrance ou à leur nom. J'ai observé plus de quatre cents annonces pour des parfums ou des eaux de parfums. Toutes ne s'aidaient que de très peu de mots.

Il en va de même pour les fourrures ; encore qu'investir dans le chinchilla ou la loutre marine ne laisse pas de poser quelques questions... Il est conseillé d'y répondre partiellement. En revanche, les amateurs de très grands vins n'ont que faire d'exploits photographiques : on n'achète pas six caisses de Pétrus ou même de Beychevelle en se contentant d'admirer les justes proportions du château. C'est pourquoi les grands négociants de bordeaux ne lésinent pas sur la documentation. Ceux qui font fortune opèrent par correspondance. Leurs propositions savent allécher par des textes poétiques mais très précis.

Le Savour Club, lui, se risque carrément à délivrer ses offres dans la presse magazines à grande diffusion. Certes, les vins mis en vente sont relativement accessibles à des amateurs disposant de revenus annuels inférieurs à 360 000 francs 1985. Mais enfin, convaincre un cadre supérieur par la simple lecture d'une page noire n'est pas donné à tout le monde. Le rédacteur-concepteur de ces annonces n'est pas non plus n'importe qui : Guy Langlois a appris son art de faire lire un texte de A jusqu'à Z.

Devenu indépendant, s'imposant sans ménager son temps d'aller sur le terrain pour discuter avec les vignerons, les sommeliers, c'est avec eux qu'il a acquis non seulement un palais remarquable mais les mots qui font que le vin coule dans votre gorge quand vous n'avez pourtant que vos yeux pour lire ses textes.

Aujourd'hui, Guy Langlois fait vendre, sans faire de bruit. C'est toujours avec plaisir (et admiration pour les progrès qu'il a accomplis depuis son départ de l'agence Impact) que je lis ses textes ou bien que je déjeune avec lui.

Pour le champagne Mumm, j'ai rendu visite aux génies de la cuisine française : Chapel, Peyrot, Blanc, Outhier, Senderens, etc. Et, bien sûr, Bocuse. J'ai passé des heures avec eux ; parfois des débuts de nuits. Tous ne sont pas devenus des amis mais, de chacun d'eux, j'ai appris comment, chaque jour, on veille sur deux ou trois étoiles au Guide Michelin.

Ma stratégie était de faire considérer Mumm comme un champagne qui vaut, lui aussi, trois étoiles dans son domaine. Mon idée fut d'associer Mumm aux hommes qui méritent soit le détour soit un vol transcontinental. Car il y a des gastronomes qui n'hésitent pas à prendre Concorde pour repartir vers New York avec, pour toujours, le souvenir d'un séjour chez Alain Chapel !

Il y a aussi des Américains moins programmés qui n'arriveront jamais à déjeuner chez Taillevent (le meilleur restaurant de Paris) parce que Jean-Claude Vrinat, maître des lieux, est obligé de refuser quatre cents couverts par jour ! Presque tous les chefs décrits par Mumm devaient eux aussi afficher complet.

Comme il n'était pas question que, seul, je puisse rédiger toutes les annonces Mumm, j'ai demandé aux meilleurs spécialistes de l'agence de rédiger des portraits de grands chefs. J'entends par spécialistes des concepteurs-rédacteurs qui avaient un palais très éduqué. D'autres talents se sentent plus compétents dans l'informatique, les moissonneuses-batteuses, la photo.

A chacun d'eux, j'ai demandé de signer, comme le font les journalistes. Le résultat fut prodigieux. Je n'irai pas jusqu'à dire que signer Guy Gentilhomme ou Pierre Lemonnier donne du talent à celui qui n'en a pas. Mais j'ai la certitude qu'une signature ne fait pas qu'engager ; avant de signer, un copy-writer sait qu'il devra se surpasser d'une manière ou d'une autre.

Un rédacteur qui signe son texte se dit « obtiens-toi ». Et son talent en est changé.

La maturation d'un texte signé peut provoquer chez un rédacteur des jours et des jours de tension, d'insatisfaction ; mais le résultat n'a rien à voir avec un texte anonyme. J'ai connu souvent ces états-là et, de ce fait, j'ai su trouver les mots pour hyper-responsabiliser mes collaborateurs : « Courage ! Un journaliste de talent ne dispose, le plus souvent, que d'une semaine, voire une soirée, pour délivrer " son papier " alors que nous avons le temps de faire du cousu main ».

A l'agence Impact, pour les grands textes, nous avons toujours obtenu que nos clients nous accordent trois semaines et parfois trois mois. Dans ces conditions, nous serions vraiment des sous-doués si nous n'arrivions pas à produire des textes meilleurs que nos rivaux moins bien lotis.

Mais qu'est-ce qu'un grand texte ?

• Un grand texte peut être très court ; dans ce cas, il est grand parce qu'à la lecture de quelques lignes l'acheteur potentiel ressent une émotion qui ne trompe pas : moins de mots et il y aurait frustration ; quelques mots inutiles et ce serait la foire aux sentiments.

Près de trente ans après l'avoir écrit, je me souviens encore - et quelques femmes aussi... - d'un texte que, débutant, j'ai commis pour Givenchy. Il s'agissait d'un bas réalisé par Vitos pour le compte du grand couturier ; un bas d'une beauté exceptionnelle, d'une transparence qui le rendait quasiment invisible. Je décidai de l'appeler To Give, de Givenchy.

Facile à trouver, facile à retenir. Mais quoi dire ? Dès le premier jour, j'ai senti que ce bas devait être présenté comme le caprice impérieux de celui qui habillait la fragile Audrey Hepburn. J'étais sûr qu'Hubert de Givenchy devait exprimer *sa volonté* de voir quelques femmes comme Verlaine voyait un grand amour : « Un frisson d'eau sur de la mousse... » me trottait dans la tête.

J'ai mis quatre jours pour obtenir ce mirliton que je laisse à votre appréciation :
« Je vous veux telle que vous êtes,
Sans plus rien sur vos jambes
Que, légère et discrète,
L'ombre de To Give. »
To Give de Givenchy.

Pour moi, à l'époque, c'était un grand texte. Concis et prometteur. Il respectait la ligne que je m'imposais : les mots d'un grand couturier à une seule femme, celle qui lit son diktat. A l'heure actuelle, j'aimerais bien rencontrer un jeune rédacteur qui sache faire une telle déclaration pour une petite culotte style « les Folies d'Élodie »... S'il lui fallait huit jours pour écrire quatre lignes sensibles et qui vendent, je l'engagerais.

Un grand texte peut être un reportage.

• Un grand texte peut être un reportage très documenté. De retour du Japon où j'avais découvert, dans les années 1970, le Canon F1 dont l'ambition avouée était de détrôner les Nikon consacrés comme le top-niveau en matière d'appareils photographiques pour professionnels, je convainquis Guy Gentilhomme d'écrire l'équivalent de deux pages du *Point* sur le parcours qui avait conduit un gynécologue - le docteur Mitaraï - à fabriquer le Canon F1.

Guy Gentilhomme : il a l'encre sèche tant qu'une idée n'est pas de lui.

A propos de chaînes hifi ou d'appareils photo, Guy Gentilhomme a l'encre sèche tant qu'une idée n'est pas de lui ; mais s'il fait sienne une piste, personne ne court aussi vite et aussi longtemps.

Dix ans après, le texte qu'il a produit pour Canon reste un chef-d'œuvre du genre. Pourquoi ? D'abord, parce que c'est ce texte qui a amorcé la carrière de Canon en France. Si Canon a pu surmonter très vite son concurrent Nikon c'est, en grande partie, grâce à ce premier morceau de bravoure d'une longue série. Ensuite, parce que ce genre de texte serait encore de mise si, demain, un constructeur d'automobiles inventait un moteur qui fonctionne à l'eau distillée !

Enfin, un texte publicitaire n'est grand que s'il est infiniment supérieur en technique, en faits, en émotion, en rythme à ce qui a pu être écrit sur le même sujet par un *bon journaliste.* C'est à ce niveau qu'aisément se hisse Guy Gentilhomme.

• Un texte peut être grand parce qu'il s'agit d'un banc d'essai. J'ai écrit quelques doubles pages pour Ferrari qui ont atteint un score étonnant : 74 % de taux de lecture. Ce qui signifiait que je mobilisais autant de lecteurs que Françoise Giroud... Les journalistes de *L'Express* n'appréciaient guère ; certains allaient jusqu'à menacer de faire grève sous prétexte que le texte les embarquait jusqu'à ma signature, qui n'était, certes pas, celle d'un journaliste syndiqué. Ce qui n'arrangea rien, Jacques Hersant, actuellement directeur général de *France-Soir,* n'hésita pas à écrire : « Pour vous faire croire que vous êtes vous-même au volant d'une Ferrari, il n'y en a qu'un. Ce n'est pas un journaliste. C'est un publicitaire ».

Non, je n'étais pas doué. Simplement, je travaillais plus et je roulais plus. Et souvent vers l'usine de Maranello, là où naissent les divas engendrées par Enzo Ferrari. Le talent ne remplace pas le terrain. La publicité n'est pas information innocente ; mais un publicitaire doit être plus informé qu'un journaliste. Ce qui n'est pas peu dire.

Mais revenons à Ferrari. Pour me sentir chez moi dans ce temple de la beauté et de l'efficacité, trois fois par semaine je prenais un café avec Charles Pozzi. A l'époque, Pozzi n'était que concessionnaire Ferrari. Chaque fois que je revenais du stade de Courbevoie où, le matin, je m'entraînais, je « récupérais » en bavardant devant un expresso avec celui qu'on appelait déjà Carlos. Certainement en raison de son profil d'imperator. J'ai bien dû mettre deux ans à le convaincre de passer de concessionnaire à importateur de Ferrari pour la France.

Pourquoi si longtemps ? Parce qu'il entrait dans la cinquantaine heureuse et qu'il ne se voyait pas repartir à l'assaut ; ce qui ne supposait pas seulement d'investir en capitaux mais en énergie. Certes, il était déjà très aidé par Daniel Marin, un fou de Ferrari qui avait quitté une belle aisance à Aix-les-Bains pour devenir comme une variété de fils adopté par Charles Pozzi.

Le jour où Enzo Ferrari donna son accord pour faire de Charles Pozzi son proconsul en France, j'étais là. J'ai pu bavarder quatre heures avec le Commendatore : cela ne s'était jamais vu et je n'en suis pas revenu. Je m'attendais à rencontrer un monstre d'autoritarisme, un tueur aux yeux dissimulés derrière des lunettes noires ; car, il ne faut pas se le cacher, Enzo Ferrari avait la réputation d'envoyer ses pilotes *au paradis réservé aux téméraires.*

Je découvris un philosophe impressionnant : un homme qui trouve le temps de lire cinq à six heures par jour ! Je découvris un mécène : ses dons à la recherche scientifique sont discrets mais incessants.

Je découvris un végétarien qu'il n'a pas toujours été, beaucoup s'en faut ! Un homme qui, après quatre-vingts ans, voyait la vie comme Raymond Aron : quel sens des valeurs ! quel élan vital !

Après ces rencontres avec cet homme sensible mais inflexible (ou presque), il m'était relativement facile de faire un cross, de passer au sauna, de piloter une Ferrari et d'écrire ce que l'on ressent - et qui ne ressemble à rien d'autre - les mains posées sur un volant dont le centre est un cheval cabré.

Écrire sur une Rolls, il n'y a que David Ogilvy qui ait su le faire.

Écrire sur une automobile semble facile car nous sommes tous, plus ou moins, de bons conducteurs. Mais écrire sur une Rolls, il n'y a que David Ogilvy qui ait su le faire et cela aurait suffi à sa gloire. Il a récidivé avec Mercedes-Benz : je me souviens de ce qu'il écrivait en 1965. On sentait, à chaque ligne, « qu'il en avait sous le pied ». Et, pourtant, ce que je sais de lui ne m'incite pas à penser que c'est un fou de la voiture. Non, simplement, il faisait son métier : il visitait l'usine et y trouvait l'inspiration précise, factuelle.

A l'heure actuelle, en France, la publicité qui est développée pour les autos - autochtones ou étrangères - est désolante. Ou bien l'information est inexistante, ou bien elle est illisible pour des raisons typographiques (BMW) ou parce que le rédacteur submerge le lecteur d'adjectifs insupportables.

A une époque qui est caractérisée par un besoin (et un vécu) de bio-socio-émotivité, on ne vous dit pas ce que vous éprouvez de singulier au volant d'une Golf GTI, d'une Escort XR3i, d'une Peugeot 205 GTI. On ne vous dit rien. Tout se passe comme si vous aviez déjà pris le volant, comme si vous saviez tout sur ces petits monstres.

Vous n'en connaissez rien par la publicité. Et

pourtant, ce sont ces modèles qui assurent l'image de ces marques !

Dans ses doubles pages en noir et blanc, BMW ne vous fait pas vivre dans une 323i ou une 528i. Vous voudriez ressentir ? Non, non et non ! Vous saurez tout sur le mal que se donne la recherche. Vous aimez la recherche ? C'est votre droit et peut-être votre plaisir. Alors, entrez au CNRS, chez Thomson ou à l'Institut Pasteur. Mais n'écrivez pas sur une femme - une voiture en est une - en décrivant comment elle est parvenue à obtenir une vertu « qui préfigure un devenir réservé à une élite ».

Réconfort. Dans le sillage de David Ogilvy, ses collaborateurs français produisent pour Mercedes des annonces qui montent en régime.

Les textes ne sont pas encore à 7 000 tours, mais ils parviennent à vous mettre et au volant et dans l'usine de Stuttgart.

Dieu sait si, pourtant, Mercedes pourrait se permettre de faire silence : *n'est-il pas de bon ton de considérer que parler d'un chef-d'œuvre, c'est le déconsidérer ?*

Qui a dit cela ? Pas moi ! Il n'y a que les Chinois pour être sûrs que « celui qui parle ne sait pas et que celui qui sait ne parle pas ». Ils ont raison. Mais où en est la publicité au pays des rizières ? J'y suis allé, je peux vous le dire. Mais je ne suis pas Alain Peyrefitte...

• Si vous écrivez un grand texte pour un grand annonceur, vous courez un risque que je n'imaginais pas au début de ma carrière, mais que j'ai vécu.

Un jour, j'ai vu venir à moi l'importateur des canapés DeSede : on verra par la suite - si vous ne le savez déjà - qu'en matière de canapé, il n'y a pas mieux que DeSede pour la qualité des cuirs et la finition réellement artisanale. L'importateur avait lu (et retenu) ce que j'avais rédigé pour Ferrari. Passé les préambules laudatifs, l'importateur n'y alla pas par quatre chemins : « Je vous laisse carte blanche pour DeSede mais *je veux* que vous écriviez, *vous-même, comme pour Ferrari* ».

Je rétorquai qu'un canapé, même monté sur roulettes, n'est pas équipé d'un moteur de 400 chevaux. Il ne l'entendait pas ainsi. Il exigeait que je fasse vivre ce qu'on éprouve en s'asseyant sur un canapé DeSede dont le cuir est tanné de façon très spéciale.

Finalement, il accepta que ce travail fût confié à une de mes collaboratrices. Elle et moi, nous partîmes à Bâle voir comment sont réalisés ces canapés conçus pour traverser les générations. Comment et pourquoi les cuirs sont traités comme seulement ceux des Rolls.

De retour à Paris, je suggérai, pour la première annonce, un titre qui me paraissait « vendeur » mais trop brutal. Mon entourage m'encouragea. L'accroche fut donc entérinée. C'était : *« DeSede : canapés pour milliardaires ? »*.

Le texte était très documenté et, dès la sortie des doubles pages noires (pour des canapés en couleurs), les ventes *sur-sautèrent.* Je croyais être en paix. Mais, un an après, l'importateur me menaça : « J'aime beaucoup l'annonce de l'an dernier. Mais je vous préviens : l'an prochain, c'est vous qui écrirez les textes ou alors j'irai voir ailleurs. Allez, promettez-moi... »

Oui, mais un canapé ne roule pas à 280 à l'heure.

J'eus beau lui signifier qu'un canapé, fût-il signé DeSede, ne roule pas à 280 km/h, rien n'y fit. Je décidai donc - insoumis que je suis depuis mon enfance - de me venger de tant d'incompréhension.

Ma stratégie était réaliste : ce sont les décorateurs qui préconisent les objets dont la beauté est plus profonde que superficielle. Or la rumeur veut qu'ils soient dans la ligne de Socrate et Cocteau.

Mon idée consista à me souvenir d'une soirée en Afrique du Sud. Mon hôte inaugurait sa nouvelle villa : superbe et meublée avec un raffinement plutôt romain qu'anglo-saxon. A peine assis, je sus, par la sensation éprouvée, que mes fesses venaient de de poser sur un canapé DeSede : ce sont des sensations qui ne trompent pas !

Comment se pouvait-il qu'à Johannesburg, un publicitaire ait découvert DeSede et sa royauté ? Je n'osais m'enquérir quand arrivèrent deux chéris comme je n'en avais jamais vus. Superbes. A trente ans, Jean Marais était, en comparaison, un évanescent...

Je n'osais m'enquérir quand arrivèrent deux chéris.

Je me levai pour saluer ces décorateurs à qui mon ami publicitaire devait le raffinement de son living. Je les félicitai pour leur goût et, surtout, pour le choix de ces canapés. Je ne tardai pas à apprendre qu'ils vivaient plutôt à Rome et à Paris qu'en pays d'apartheid. Leurs clients étaient tantôt membres du gotha discret tantôt primés au Festival de Cannes.

C'était fini, mon annonce était comme achevée car je tenais deux faits indiscutables :

1. DeSede est acheté par des gens qui ont du goût ou qui se font conseiller par des décorateurs qui en ont pour eux.

2. DeSede ne consent à réaliser que des canapés en cuir tanné en profondeur, comme les sièges des Rolls. Chez DeSede, vous ne pouvez pas obtenir un canapé en cuir blanc. Pourquoi ? Parce qu'il est impossible de tanner en blanc. Un canapé en cuir blanc c'est un canapé giclé, c'est-à-dire traité en surface mais pas en profondeur.

En mélangeant ces deux réalités, j'écrivis une annonce assez corsée. Je mettais un des deux décorateurs en scène et je lui demandais si je pouvais avoir, pour mon bureau, des canapés DeSede. *Mais blancs!* Le dieu grec s'indignait :

— En blanc ? mais Pierre, Pierre vous n'y pensez pas ! Chez DeSede, on ne gicle pas !

— Et pourquoi on ne gicle pas ?

— Parce qu'un cuir giclé est un cuir qui se meurt peu à peu... C'est un traitement de surface. Le cuir demande, pour vivre, d'être traité en profondeur. Alors, il traverse les générations...

Je soumis cette version à l'importateur. Ravi, l'importateur. A Bâle, personne ne broncha. Les ventes giclèrent ! Mais je n'étais pas très fier de mon défi.

Quand la publicité est une intruse.

Pourquoi révéler ces anecdotes ? *Parce que les journalistes sont, plus ou moins, payés pour occuper des pages.* Nous, publicitaires, nous payons pour louer des pages. Les pages d'un magazine sont le territoire des journalistes : c'est pour lire ce qu'ils écrivent que nous achetons chaque semaine leurs analyses de ce qui s'est passé dans le monde. La publicité, dans ce contexte, est une intruse comme le sont les touristes à Saint-Paul-de-Vence en été.

Dans les arrière-pays qui ont une âme toute l'année, les touristes, en été, sont reçus comme ils le méritent. Dans les magazines, les annonces de publicité sont perçues pour ce qu'elles sont : une coloration, une fête, une quête, une incursion bienvenue ou insupportable.

Ce n'est pas parce qu'on paie qu'on doit perturber.

Chaque fois que possible, une annonce doit chercher à s'intégrer au magazine qui l'accueille moyennant finance. Car ce n'est pas parce que l'on loue que l'on doit perturber.

En tant que publicitaires, nous entrons dans la « bulle » des journalistes ; c'est ainsi, mais, autant que faire se peut, ne cassons pas leur bulle et essayons de faire mieux qu'eux.

On objectera que les journalistes n'aiment pas que la publicité soit plus attractive ou plus informative que leurs propres réalisations. Oui, mais j'ai connu des magazines qui offraient aux productions de l'agence Impact un droit d'asile gratuit : ce n'était pas soumission, calcul ou remplissage d'un vide. C'était simplement un constat : mieux vaut une publicité qui gratifie les lecteurs qu'une pub qui les agresse ou les laisse sur leur faim.

XXI. La publicité qui n'intéresse personne

TOUS LES ANS, je suis invité à rencontrer une trentaine de directeurs de création venus du bout du monde. Chacun expose et explique, par le menu, le pourquoi et le comment de ses succès. Après quoi, nous votons. Et que le meilleur gagne !

Dans mon bureau et ceux de mes collaborateurs, s'érigent des « grands prix » en forme de statues du style Alberto Giacometti...

Comment gagne-t-on ces magnifiques objets d'art ?

1. Le nom du produit doit être universellement connu. Sinon, comment voulez-vous que l'homme de Hong Kong ou de Sydney vote pour vous ?

Les créatifs ne votent que pour la couleur.

2. Le texte doit être le plus court possible car personne ne comprend le français. A peine un Italien, un Espagnol et un Grec ! Mais ils sont submergés par les Anglo-saxons...

3. Évitez les annonces en noir et blanc : les créatifs votent pour la couleur !

C'est pourtant en enfreignant ces règles que l'agence que j'anime a réussi deux exploits inimaginables. Et même un troisième.

• Le Gouvernement du Canada souhaitait que des Français s'expatrient pour peupler de techniciens un territoire riche de promesses mais trop peu exploité.

L'agence Impact a conçu des pages en noir et blanc. Comment faire autrement, compte tenu du budget qui était plus que modeste.

Le titre de l'annonce était sobre : « Que vont chercher les Français qui, chaque année, s'installent au Canada ? ».

En bas d'une double page, un coupon-réponse : cent mille Français le découpèrent. Et les voilà candidats pour la congélation. Ç'en était trop ! Le Gouvernement du Canada invita mon ami Jean-René Ruttinger, auteur du texte, au Canada... et à calmer ses ardeurs.

Je n'ai jamais présenté cette annonce à un jury. Fût-il composé de mes meilleurs amis, je me serais fait rejeter.

• Le groupement Harmonic se proposait d'inciter les producteurs à harmoniser les couleurs de leurs créations. C'est ainsi que les différents publics pouvaient se procurer des objets qui s'accordaient : rideaux, lits, moquettes, draps, fours, cocottes, etc.

L'idée était noble, car rien n'est plus désolant qu'une succession de fautes de goût... faute de savoir trouver des harmonies par ajustements, contrastes ou camaïeux.

Mais dans la pratique, comment aider les acheteurs ? Le groupement eut l'idée de proposer un « harmonisateur » : il s'agissait d'une sorte d'ordinateur manuel qui répondait à toutes les questions concernant le choix des couleurs offertes par une dizaine de créateurs. Génial.

Le budget était de l'ordre de 2,2 millions 1985.

L'agence en a vendu 350 000 exemplaires. Oui, 350 000 Français ont posté une enveloppe et 100 francs pour s'éviter des fautes de goût...

Le phénomène est resté inaperçu des observateurs. Je n'ai jamais espéré un grand prix : l'annonce n'amusait pas les créatifs.

Autre exemple : une entreprise de vente par correspondance souhaitait 250 000 nouvelles clientes. L'agence en a obtenu 550 000. Mais le client avait eu le malheur *d'exiger* que l'agence soit intéressée au rendement.

Je n'ai jamais montré l'annonce à qui que ce soit dans l'espoir d'obtenir une récompense, mais le client m'a adressé un chèque proportionnel au résultat.

Conclusion : les publicitaires n'aiment pas les annonces qui font des offres précises, argumentées. Moi, je ne peux pas m'empêcher d'avoir un faible pour ce qui pousse un homme ou une femme à aller glisser une enveloppe dans une boîte aux lettres.

XXII. Conflits de générations et courants socio-culturels

Depuis 1953, et surtout depuis 1973, la Cofremca étudie les mouvances de la socio-culture française. Observer les différences d'attitude et de comportement des Français permet non seulement d'ajuster la publicité, les produits, à ces évolutions parfois très fortes, mais aussi de prévoir des réactions prochaines des différents publics en fonction de leur avance, de leur retard, ou simplement de leur adaptation passive aux courants porteurs.

Nous constatons tous de façon plus ou moins intuitive ces courants qui modifient nos réactions face à tous les phénomènes qui sont en effervescence. Mais la validité de nos conclusions est beaucoup trop influencée par notre éducation, notre milieu professionnel, nos ressources financières, notre style de vie.

Nous sentons bien que la relation que nous vivons avec les hommes politiques n'est plus ce qu'elle était en 1954. Nous ne pouvons pas ne pas voir que l'ordre n'est plus ce qu'il était, que la hiérarchie est contestée, que les contraintes sociales freinent beaucoup trop nos capacités d'initiatives et d'autonomie ; qu'en dépit des pressions étatiques de plus en plus mal vécues, le goût du risque, le goût d'entreprendre vont croissants ; qu'afficher son standing est un comportement dépassé, etc.

Le changement des uns n'est pas celui des autres.

Il ne suffit pas *d'intuiter* que, de manière ardente, souple ou rigide, tous les Français réagissent et contribuent plus ou moins au changement. Car de quels changements s'agit-il ? Le changement des uns n'est pas celui des autres.

Certains souhaitent le changement par des chemins contestataires et idéologiques ; ces doctrinaires, souvent amertumés, ne sont plus en phase avec l'air du temps qui est moins aux positions de principe qu'aux postures concrètes. Ils représentent 26 % de la population.

D'autres, de plus en plus nombreux, cessent de ratiociner pour éprouver, sentir, agir, avancer, rechercher la forme, l'élan vital et émotionnel, le vrai, le concret. Ils pèsent 30 %.

Quant à ceux que le moindre changement effrayait (44 %), ils s'adaptent et rejoignent de plus en plus vite le peloton.

Il est clair qu'on ne peut pas tenir le même langage à des post-soixante-huitards ronchons et laxistes qu'à des réformateurs actifs, agissants, entrepreneurs ; ou bien à des traditionalistes réfractaires aux discours « subversifs ».

« Vraiment il sait tout, mais quel dommage qu'il ne sache rien d'autre que cela. » (Machiavel.)

Les hommes politiques, les syndicalistes, les journalistes, les publicitaires auraient intérêt à être très au fait de ces phénomènes. En novembre 1981, après son élimination par François Mitterrand, j'ai pu constater, en le rencontrant, que Valéry Giscard d'Estaing n'avait pas la moindre idée *précise* de la façon dont il aurait pu éviter une infortune qui, pour des psychologues avertis, n'était que le résultat d'une fâcheuse ignorance.

La force tranquille n'en savait pas plus.

La suite a montré que la force tranquille n'en savait pas plus ; même si elle récupérait mieux certains appétits des Français les plus assistables. La menace absurde qui a pesé sur l'école dite libre n'a réussi qu'à faire défiler 1 800 000 Français ; quel exploit quand on sait leur goût pour les week-ends en famille ou en petits groupes !

Mais le comble aura été, en 1984, le référendum sur le référendum. *Quand on connaît la socio-culture française, on ne peut qu'être stupéfait qu'un Gouvernement ait pu proposer un vote dans l'abstrait alors que la quasi-totalité des Français est plus préoccupée que jamais du concret.*

Autoriser un président de la République à développer la liberté ? Pour les Français de 1984, leur liberté n'avait pas besoin d'être développée par des lois : il suffisait que les lois existantes ne soient pas violées. Les Français n'aiment pas *la* liberté ; ils sont indignés quand *une* liberté qui leur est essentielle est menacée : faire instruire leurs enfants comme ils l'entendent. Avec ou sans religion. Mais surtout sans endoctrinement d'aucune sorte. Librement.

Comment des ministres, des conseillers ont-ils pu se mettre dans ces trois pétrins ? Une seule réponse : un refus de connaître les Français tels qu'ils sont. Cet irréalisme n'est pas le propre d'un parti : tous les partis passent à côté du vécu des Français et c'est ce qui explique le désintérêt et le mépris dont ils sont victimes.

Ceux qui tirent le meilleur parti des travaux sur

Le rôle d'une agence est de piloter ses clients dans le maelström de la socio-culture.

les styles de vie menés par le CCA [1] sont indiscutablement les médias. C'est ce qui explique la renaissance de certains magazines ou la naissance heureuse de quantité d'autres. Juste derrière les organes de presse arrive un peloton d'annonceurs avertis. Une cinquantaine, pas plus. Et encore... car beaucoup d'entre eux achètent les informations sans être en mesure de les digérer !

Loin, très loin derrière, on aperçoit trois ou quatre agences de publicité. Un comble puisque le rôle d'une agence est de piloter son client dans le maelström de la socio-culture. Pourquoi cette allergie des agences ? Parce que le petit monde de la publicité - comme celui de la politique - se divise en deux groupes :

- Ceux qui affirment qu'en profondeur la nature humaine n'a pas changé depuis le fond des âges. Alors pourquoi observer des changements en surface ?
- Ceux qui sont persuadés que d'avoir moins de quarante ans les branche une fois pour toutes. Ils avaient vingt ans en 1968, donc les changements, ils savent... Il est admis, dans le monde entier, qu'en vingt ans, il y a eu des mouvances considérables qui ont été provoquées par trente à quarante lames de fond. Si vous interrogez cent publicitaires de quarante ans, vous n'en trouverez pas dix qui puissent balbutier cinq courants majeurs et expliquer leurs conséquences pratiques.

Où est la vérité entre ceux qui sont convaincus que la surface frémit mais que le fond est inchangé et ceux qui vivent les changements en surface sans

1. Centre de Communication Avancée.

rien vouloir connaître de leurs effets utilisables en publicité et en communication ?

Il est vrai qu'il y aura toujours des avares, des bourgeois autosatisfaits. Et c'est ce qui fait que Molière reste très actuel. Il est vrai que Hamlet court dans les rues. Et c'est ce qui explique que Shakespeare soit plus joué que n'importe quel auteur contemporain.

Il est de plus en plus vrai que les bureaucraties de tous les États s'acharnent à se ridiculiser. Et c'est pourquoi Guy Thomas connaît sur Europe 1 un joli succès chaque matin. Mais, avant lui, un certain Courteline...

Si la question est de savoir si, en l'an 3000, un fils aura encore envie de surmonter son père, ceux qui croient que la nature humaine ne changera pas ont raison. Toujours, il y aura aussi des fils pour rêver d'une société sans pères et mai 1968, de ce point de vue-là, n'est qu'un épiphénomène parmi d'autres. D'un point de vue psychanalytique, la cause est entendue. Qui croit innover n'est qu'un répétitif qui s'ignore.

Il y aura toujours des fils pour rêver d'une société sans pères.

Mais la question n'est pas là : ce n'est pas parce que les grands thèmes sont éternels que nous savons *comment parler à des publics qui vivent des révolutions technologiques bouleversantes.* Qui, en 1950, pouvait prédire que Creusot-Loire et Renault seraient en difficulté alors que Toyota, Honda, Mitsubishi s'envolent ?

Pour un homme, une voiture reste une maîtresse ? Exact. Mais pourquoi les ventes de Renault à l'exportation et en France s'effondrent ? Parce que nous n'avons plus envie des mêmes maîtresses !

En 1970, les Français partaient visiter un hypermarché comme ils allaient en famille voir décoller les avions à Orly. Ce n'est plus vrai. Gilbert Bécaud doit savoir pourquoi; mais il en sait beaucoup moins que les psychosociologues.

Un rêve de maman-lolo.

Vous avez trente-cinq ans et vous êtes monté sur les barricades en mai 1968, vous avez le sentiment d'avoir vécu *le* changement. Vous êtes encore assez jeune pour mijoter dans votre contestation insatisfaite et vous avez assez d'irréalisme pour croire à l'égalitarisme, et aux nationalisations. Donc, vous êtes moderne et, comme vous êtes dans la publicité, vous n'avez pas besoin de connaître les nouveaux courants socio-culturels. Eh bien, je vais vous dire : vous êtes peut-être un publicitaire mais vous êtes surtout un adolescent prolongé, un inconsolé d'un rêve de maman-lolo et papa-mandarin-au-trou !

Silicon Valley vous souhaite bonne chance ! Vous serez balayé car le monde ne vit pas de « il faut que *ça* change ! », il vit de ce qui change en chacun de nous par nos dons *d'idéoplastie.* Mais tout le monde n'a pas ce don et surtout pas les idéologues.

Un des publicitaires les plus réalistes, l'un des meilleurs stratèges actuels, l'un des hommes les plus doués pour détecter des talents - je veux parler de Bernard Brochand[1] - est aussi le coauteur de *Publicitor,* une sorte d'encyclopédie de la publicité.

A quoi doit-il son succès ? Dans *Publicitor,* il vous révèle sa chance : celle d'avoir appartenu à une génération de publicitaires qui n'avaient pas encore trente ans en 1968 ! Quelle modestie !

Mais, étrange induction : ou bien on naît dans les années trente, et impossible de vibrer avec un Cohn

1. Directeur général d'Eurocom.

Bendit, on est un attardé, ou bien on naît au tout début des années quarante et alors, sous les pavés, la plage qui inspire ! Le long des rues, coupées de barricades, des bancs ! Tu montes dessus et te voilà grand ! Définitivement.

J'ai connu Luna Park, Porte Maillot, en 1938. J'ai connu la grande roue du Prater à Vienne en 1948 : de là-haut, je me suis senti encore plus petit que je ne l'étais. Il ne me viendrait pas à l'esprit d'écrire aujourd'hui que ces deux expériences ont guidé mes pas dans la publicité.

Une Russie exécrable : celle d'avant Staline.

Blaise Cendrars n'a pas eu de chance, il a interrompu ses études à l'âge de dix-sept ans, fuyant la Suisse et l'Italie pour une Russie exécrable : celle d'avant Staline...

Pauvre Blaise ! Son œuvre est bouleversante de créativité, mais elle est condamnable sans appel : Cendrars est mort en 1961 ! Sept ans trop tôt ! Il ne saura jamais ce qui lui a manqué durant toute sa vie pourtant si bien remplie

Mais soyons sérieux : les valeurs prônées en mai 68 survivent et animent encore un quart des différents publics. Il faut comprendre et respecter ces nostalgiques. Car ce n'est pas parce qu'ils rejettent la société dite de sur-consommation qu'ils se privent de ses attraits. Leur pouvoir d'achat n'est plus ce qu'il était ? Il est encore largement suffisant pour que la publicité s'intéresse à eux.

Radicalement opposé à ce quart, un tiers est né : le tiers des Français qui fait sortir la France de son rêve rousseauiste. Résolument libéral, doté d'une créativité vibrante, d'un goût du risque ajusté aux réalités, ce tiers n'a que faire des héritages de 68. Il est tourné vers l'avenir. Il est en avance sur tous les courants socio-culturels majeurs. Ce tiers est composé d'êtres qui sont eux-mêmes majeurs, dans toutes les acceptions du terme.

Ces gens-là n'ont pas d'âge.

Ce sont eux qui pourraient éviter que la France ne glisse dans la catégorie des pays sous-développés. Ces gens-là n'ont pas d'âge ; certains auront bientôt vingt-cinq ans ; ils préparent leur avenir avec une passion pugnace ; d'autres ont soixante-cinq ans et plus et témoignent que la verdeur n'a rien à voir avec une génération plutôt qu'une autre.

XXIII. Faire du surf avec les courants socio-culturels

LES COURANTS socio-culturels ne sont pas des modes passagères ou des girouettes agitées par des vents capricieux. Depuis qu'il est possible de les observer avec une précision et avec un recul suffisants - dix ans d'enquêtes portant régulièrement sur 2 500 interviewés - les courants les plus porteurs, ceux qui remodèlent la France, ne cessent d'aller dans le même sens.

Montée incessante du besoin d'autonomie, d'initiative libérée, besoin de plus en plus de compétence et de moins d'autorité, rejet des rentes de situation et des hiérarchies pesantes.

Aptitudes croissantes à décoder les faux-semblants, les manipulations, le décalage entre le verbe, l'écrit et les actes. Cela est lié au développement de l'intraception, cette faculté que nous avons tous plus ou moins de « saisir » nos motivations et celles des autres sans les juger selon des morales ou des religions.

En quoi ces courants entraînent-ils la nécessité d'ajuster le style, le fond et le ton de la publicité ?

La publicité de demain

Chaque auditeur, chaque téléspectateur, chaque individu, devra ressentir, non pas qu'on veut l'identifier à qui que ce soit ni à quoi que ce soit mais qu'il est question de *ses* intérêts, *ses* pulsions, *ses* attentes, *ses* besoins de rationnel ou d'irrationnel.

Chaque individu devra se sentir plus malin et trouver par lui-même comment faire de meilleurs choix, en prenant des décisions plus conformes à *sa* personnalité et non par conformation à des modèles.

Viendra le temps des empathies.

Pour l'instant, nous sommes loin du compte ; mais viendra le temps des empathies. Cela prendra des années.

Ce besoin d'intégration de la durée n'est pas sans fondement : au moment même où progresse la publicité « person to person »[1], une régression s'annonce : n'observe-t-on pas qu'aux USA comme ailleurs, se développe l'espérance que la publicité pourrait bien être mondialiste sous prétexte que, partout dans le monde, nous assistons à des regroupements d'entreprises, à des concentrations. C'est vrai ; mais de là à en déduire que les messages destinés aux Allemands auraient intérêt à être rigoureusement les mêmes que ceux proposés aux Italiens, aux Indonésiens ?

Quelle absurdité par impérialisme monolithique ! Et tout cela au nom du fait indiscutable que les courants socio-culturels vont, d'un pays industrialisé à un autre, à peu près dans le même sens.

Et tout cela au nom d'un autre constat incontes-

1. La publicité qui tente de reproduire le message d'une personne à une autre personne.

table : entre les différentes ethnies, il y a plus de similitudes que de différences.

Oui, mais plus le temps passe, plus les individus revendiquent leur droit à la différence. Et surtout, plus ils la cultivent, avec une délectation parfois agressive.

Sans parler des Basques, des Bretons, des Corses, des Wallons, des Flamands, qui la cultivent en groupes organisés.

Confiance ! Les satellites, les câbles, les radios et les télévisions privées, les journaux particularistes et spécialisés feront rendre raison aux raisonneurs obsédés de possessivité.

Plus le temps passera et plus la publicité devra se faire des amis et cesser de procéder par explosions brutales dans ces bulles que sont nos trop rares moments de vie privée. Pour être admissible, la publicité devra cesser de nous considérer comme des cibles.

Quand les publicitaires sauront vraiment comment fonctionne la publicité, il ne se trouvera plus personne pour regretter qu'elle nous perfore. Passeurs, patience...

Ouvrages recommandés

Francesco Alberoni : Le choc amoureux, RAMSAY

Roland Barthes : Système de la mode, SEUIL

Jean Baudrillard : Le système des objets. La consommation des signes, DENOËL-GONTHIER

Louis Corman : Nietzsche, psychologue des profondeurs, PUF

Ernst Dichter : La stratégie du désir, FAYARD

Betty Edwards : Drawning on the right side of the brain, J.P. TARCHER Inc., Los Angeles

Sigmund Freud : Le mot d'esprit et ses rapports avec l'inconscient, GALLIMARD

Sigmund Freud : Malaise de la civilisation, PUF

David Genzel : De la publicité à la communication, ROCHEVIGNES

Georg Groddeck : Le livre du ça, GALLIMARD

Charles Hampden-Turner : Maps of the Mind, MACMILLAN PUBLISHING Co, New York

Claude Hopkins : Scientific advertising, CHELSEA HOUSE PUBLICATION

Claude Hopkins : My life in advertising, CHELSEA HOUSE PUBLICATION

Ernst Jones: Hamlet ou Œdipe Roi, GALLIMARD

Carl G. Jung: Ma vie, traduit par le docteur Cahen et Yves Lay, GALLIMARD

Carl G. Jung: Souvenirs, rêves et pensées recueillis par Anella Jaffé, GALLIMARD

Jean-Noël Kapferer : Les chemins de la persuasion, le mode d'influence des médias et de la publicité sur les comportements, GAUTHIER-VILLARS

Mélanie Klein: Envie et gratitude, GALLIMARD

Machiavel: Le Prince, GALLIMARD

P. Martineau: Un guide de la stratégie publicitaire : motivation et publicité, HOMMES ET TECHNIQUES

Gérard Mendel : Vers la société sans pères, HOMMES ET TECHNIQUES

David Ogilvy: Confessions of an advertising man, traduit en français : Confessions d'un publicitaire, DUNOD

David Ogilvy: Ogilvy on advertising, MULTIMEDIA PUBLICATIONS. Traduit en français : La publicité selon Ogilvy, DUNOD

Robert Ornstein: The psychology of consciousness, HARCOURT BRACE JOVANOVITCH, New York

John E. O'Toole: From One Person to Another, FCB

John E. O'Toole : The trouble with advertising, CHELSEA HOUSE

Vance Packard: La persuasion clandestine, CALMANN-LÉVY

Georges Peninou: L'intelligence de la publicité, LAFFONT

Paul Watslawick : The language of change, elements of therapeutic communication, BASIC BOOK Inc., New York. Traduit en français : Le langage du changement, SEUIL

23-4030-5

Imprimé en France

L'impression de ce livre
a été réalisée sur les presses
des Imprimeries Aubin
à Poitiers/Ligugé

pour les Éditions Hachette

Achevé d'imprimer le 26 août 1985
N° d'édition, 116/85 — N° d'impression, L 20280
Dépôt légal, 0503 septembre 1985